Wolfgang Hering

AQUAKA DELLA OMA

88 alte und neue Klatsch- und Klanggeschichten
mit Musik und vielen Spielideen

Illustrationen von Kasia Sander

Ökotopia Verlag Münster

Impressum

Autor: Wolfgang Hering
Titelgrafik und Illustrationen: Kasia Sander, Recklinghausen
Notensatz: Wolfgang Hering
Satz: Studio Bandur, Bad Camberg
Druck: Druckwerkstatt Hafen GmbH, Münster
Herausgeber: BBS – Buchwerk Bernhard Schön, Hünstetten-Ketternschwalbach

Alle Lieder dieses Buches sind auf einer CD erhältlich (ISBN 3–931902–31–5)

Dieses Buch wurde auf garantiert chlorfreiem, umweltfreundlichem Papier gedruckt.
Im Bleichprozess wird statt Chlor Wasserstoffperoxid eingesetzt. Dadurch entstehen keine hochtoxischen CKW(Chlorkohlenwasserstoff)haltigen Abwässer.

Die Deutsche Einheitsbibliothek – CIP-Einheitsaufnahme

AKQUAKA DELLA OMA: 88 alte und neue Klatsch- und Klanggeschichten mit Musik und vielen Spielideen / [Hrsg.: BBS – Buchwerk Bernhard Schön, Hünstetten-Ketternschwalbach]. Wolfgang Hering. [Ill.: Kasia Sander]. – Münster: Ökotopia-Verl., 1998

ISBN 3–931902–30–7

Quellenhinweise:

1. Folgende Texte sind von W. Hering geschrieben:
„Der Buntspecht", „Äpfel, Birnen und Spinat", „Die Aha-Begrüßung", „Scheibenwischer", „Ich trommel langsam los", „Nummer Eins", „Liebe Sonne", „Plötzlich ist der Finger weg", „Die hohen Wolken", „Hochland und Tiefland", „Eine kleine Mickeymaus", „Familie Klang", „Drei Delphine und ein Haifisch", „Das kranke Krokodil", „Die Sonne steht oben", „Die Musikgeister", „Der klingende Ritter", „Cowboy Joe und Little Jim", „Instrumentenkonzert", „Eins, zwei, drei – vorbei".

2. Folgende Texte und Spielideen sind mündlich überliefert und von W. Hering aufgezeichnet und bearbeitet worden:
„Wer hat den Keks aus der Dose geklaut?", „Die Löwenjagd", „Regen, Regen, tropf, tropf, tropf", „Johnny", „Pick, pick, pick, so macht das Huhn", „Zwei Elefanten", „Wieviel Knöpfe sind da dran?", „Funkstation", „Der Honiggeist", „Bube, Dame, König, As", „König Zwirbelbart", „Samba, der Jäger", „Riesen und Zwerge", „Eine klingende Gespenstergeschichte", „Fridolin, der kleine Frosch", „Bei Müllers hat's gebrannt", „Aquaka della oma", „Theo, Theo", „Bayerische Bank", „Charlie Chaplin", „Das kugelrunde Schwein", „Auf einem Gummibaum", „Umba-Nero-Elefantenspiel", „Rira rutschi ba", „Geschichte vom heimatlosen Bären", „Pferderennen", „Die Knopffabrik", „Häuptling Staubwolke", „Drachenjagd".

Inhalt

Einführung

Die Geschichten, Gedichte, Spiele und Lieder in diesem Buch können auf unterschiedliche Art und Weise ausgelegt, spielerisch gestaltet und vertont werden. Ob mit Klanggesten (Klatschen, Patschen, Stampfen etc.), durch den Einsatz der Stimme, mit Unterstützung vorhandener oder selbstgebauter Instrumente, mit theatralischen Mitteln oder auch unter Zuhilfenahme eines Kassettenrekorders – es gibt viele phantasievolle Möglichkeiten, die einzelnen Stücke unter Mitwirkung der Kinder musikalisch zum Leben zu erwecken.

Welche Stücke sind für welche Kinder und für welche Situationen geeignet? Das hängt natürlich von der Zusammensetzung der Kindergruppe ab, von den Räumlichkeiten und der Ausstattung mit Instrumenten, von den Zielen, die verwirklicht werden sollen, den Vorkenntnissen und Fähigkeiten der Gruppenleitung und der Zeit, die zur Verfügung steht. Deshalb habe ich die Spielanregungen als Baukastensystem konzipiert. Sie können immer wieder neu zusammengesetzt werden, je nach den Bedürfnissen im Kindergarten, in der Grundschule, im Musikspielkreis oder in der Familie.

Alle, die Interesse und Spaß an rhythmisch-musikalischen Spielideen haben, können sich die Anregungen herauspicken, die gerade für ihre Kindergruppe, ihre Schulklasse oder den nächsten Kindergeburtstag das Richtige sind. Es muss niemand ein Musikinstrument spielen können oder Notenkenntnisse besitzen. Ich habe die Erfahrung gemacht, dass sich die Stücke sehr leicht direkt umsetzen lassen.

In den acht Kapiteln sind die Stücke nach verschiedenen Themen geordnet, die sich hauptsächlich an Situationen in der Kindergruppe orientieren, z. B. Einstieg, Ruhephase, Spielideen mit und ohne Instrumente, lebhafte Runden und Ausklang. Fast immer werden kleine Geschichten erzählt, die Kinder mit einer einfachen Sprache ansprechen. Denken Sie daran, dass sich die Kinder so oft wie möglich einmischen und den Verlauf ihrer „Story“ mitgestalten können. In diesem Sinne möchte ich alle ermuntern, die „Klatsch- und Klanggeschichten“ in eine eigene Form zu bringen und immer wieder zu verändern.

Alle mit Noten aufgezeichneten Lieder sind auf der dazugehörenden CD zu finden. Viele Sprechtexte sind mit Hilfe des Einliniensystems dargestellt, weil beim Sprechen die Tonhöhe nicht genau festgelegt ist. Meist können die Texte aber auch rhythmisch anders interpretiert werden. Lassen Sie sich also bitte nicht durch die Noten abschrecken! Zusätzlich sind die Betonungen durch Hervorhebung der entsprechenden Silben verdeutlicht.

Am Ende des Buches gehe ich in einem ausführlichen Nachwort auf die Einsatzmöglichkeiten genauer ein.

Danken möchte ich allen Kolleginnen und Kollegen, die mich mit Tipps, Materialien und eigenen Spielideen unterstützt und dazu beigetragen haben, dass diese Sammlung so abwechslungsreich und praxisnah geworden ist.

Ich wünsche viel Spaß beim Sprechen, Singen, Klatschen, Bewegen, Musizieren und Mitspielen.

Mach's gerade so wie ich

Der Buntspecht

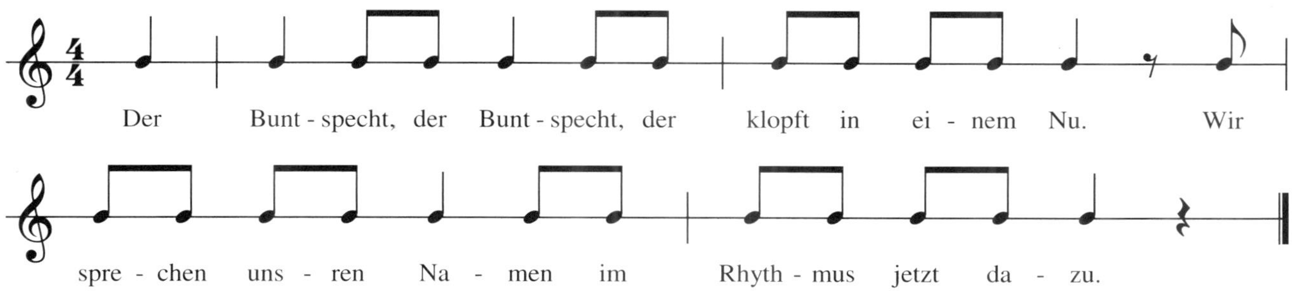

Der **Bunt**specht, der **Bunt**specht,
der **klopft** in einem **Nu**.
Wir **sprech**en unsren **Na**men
im **Rhyth**mus jetzt da**zu**.

Spielanregung

Dieses Namensspiel ist gut als Einstieg geeignet. Die Kinder sitzen oder stehen am besten im Kreis. Mit zwei Klanghölzern oder einer Holzblocktrommel wird ein regelmäßiger Grundschlag vorgegeben. Natürlich ist auch Klatschen möglich. Oder es kann ein Stuhl oder ein Tisch als Instrument dienen. Zu diesem gleichmäßigen Klopfen oder Klatschen versucht das Kind, das an der Reihe ist, den eigenen Vor- und dann auch noch den Nachnamen zu sprechen. Es gibt verschiedene Möglichkeiten die Silben zu diesem regelmäßigen Grundschlag auszusprechen:

1. Jede Silbe – egal ob betont oder unbetont – entspricht einem Pulsschlag, z. B. Ma-xi-mi-li-an (je ein Rhythmusschlag).

2. Die Betonungen der Namen werden berücksichtigt und die Wörter rhythmisch ausgesprochen. In diesem Fall gibt es also meist mehr gesprochene Silben als die Zahl der geklopften Töne. Berücksichtigt werden muss z. B. eine unbetonte erste Silbe wie bei „Sabine" oder ein dreisilbiges Wort wie „Oliver".

3. Mit unserem Instrument oder mit den Händen wird der Sprachrhythmus nachempfunden. Die Betonung der Wörter wird mit dem Klangwerkzeug imitiert.

Je nach Altersgruppen und musikalischen Möglichkeiten wird eine dieser Varianten mit Hilfe der Gruppenleitung ausprobiert.

„Der Buntspecht ...“ kann dazwischen immer wieder von allen, sozusagen als Refrain, mitgesprochen werden. Mehrere Namen können auch aneinandergehängt werden. Wer dran ist, ergibt sich durch die Kreisrunde. Zu den fettgedruckten Silben wird der Grundschlag geklopft oder geklatscht.

Variante: Ein „Buntspecht“ in der Mitte bestimmt jeweils, wer als Nächster an der Reihe ist. Er verbeugt sich vor dem ausgewählten Kind und wartet darauf, den gesprochenen Namen zu hören.

Mit Hilfestellung können die Namen – insbesondere bei größeren Kindern – auch rhythmisch interessanter mit unterschiedlich lang gesprochenen Silben betont werden. Es gibt dementsprechend verschiedene Möglichkeiten, den Namen zum Klopfen zu sprechen.

Äpfel, Birnen und Spinat

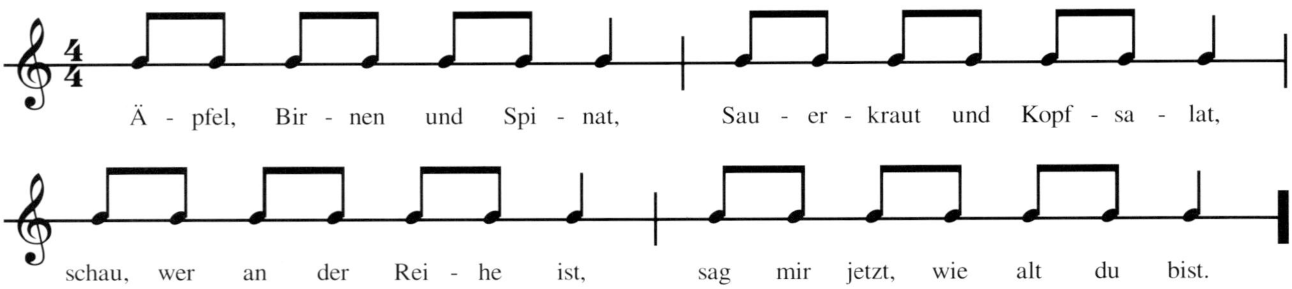

Äpfel, **Bir**nen **und** Spi**nat**,
Sauer**kraut** und **Kopf**sa**lat**,
schau, wer **an** der **Rei**he **ist**,
sag mir **jetzt**, wie **alt** du **bist**.

(Diese Zahl wird durchgezählt)

Zusatz:
Welcher **Mo**nat, **auf**ge**passt**,
sag, wann **du** Ge**burts**tag **hast**.

Spielanregung

Ein Kind steht in der Kreismitte. Der Spruch wird aufgesagt, der Text dabei der Reihe nach wie bei einem Abzählvers im Kreis rhythmisch gesprochen. Als Hilfestellung kann mit einem Rhythmusinstrument mitgeklopft werden. Dieser Zählimpuls ist durch die betonten Silben dargestellt. Es kann zur Verdeutlichung auch geklatscht werden. Derjenige, der bei der letzten Silbe in der vierten Zeile dran ist, muss sein Alter sagen. Diese Zahl wird weiter in der Runde abgezählt, bis der Nächste dran ist,

d. h. das entsprechende Kind kommt in die Mitte, und das Spiel geht von vorne los.

1. Variante: Es wird – unter Zuhilfenahme des Zusatzverses – nach dem Monat oder der Jahreszeit gefragt, in dem das entsprechende Kind Geburtstag hat. Dann werden die Monate durchgezählt: Januar, Februar, März ... Das Kind, das es beim Durchzählen am Ende trifft, kommt in die Mitte.

Kinder, die noch nicht dran waren, kommen am Schluss in Sonderrunden in den Kreis. Das Abzählen beginnt dann an einer Stelle ihrer Wahl.

2. Variante:
Bei älteren Kindern, z. B. in einer Grundschulklasse, kann gleich nach dem genauen Datum des Geburtstages gefragt werden, z. B. mit dem Vers:

Achtung, **bit**te **auf**ge**passt**,
sag, *wann* **du** Ge**burts**tag **hast**.

Das Kind in der Mitte kann auch das entsprechende Geburtstagsdatum des anderen Kindes nennen, z. B. mit dem Spruch:

Achtung, **bit**te **auf**ge**passt**,
ich **sag**, wann **du** Ge**burts**tag **hast**.

Die aufgestellten Regeln können vereinfacht oder auch schwieriger gestaltet werden, z. B. Geburtsdatum des rechten Nachbarn nennen, die Richtung des Abzählens wechselt je nach Situation in der Kindergruppe.

Mach's gerade so wie ich

1

mündl. überliefert

Mach's gerade so wie ich,
so wie ich, so wie ich.
Etwas andres gibt es nicht.
Jetzt geht's los.

Solo:
Hey hey gerade so, hey hey gerade so,
hey hey gerade so, wird's gemacht.

Spielanregung

Dies ist ein Lied, das ideal für den Beginn einer Gruppenarbeit passt. Der Teil „Mach's gerade so wie ich" wird als „Refrain" gesungen. Es sollte darauf geachtet werden, das einmal vorgelegte Tempo auch einzuhalten und nicht schneller zu werden.

Im Soloteil „Hey hey gerade so" denkt sich das Kind, das an der Reihe ist, eine eigene Klatsch- und Bewegungsabfolge zum gesungenen Lied aus, z. B. Kniepatschen, Händeklatschen, rechten Daumen über die rechte Schulter führen, linken Daumen über die linke Schulter – dann wieder von vorne. Die anderen versuchen diesen Bewegungsablauf zu imitieren. Wenn das auf Anhieb zu schwierig ist, muss vorher geklärt werden, was es alles für Möglichkeiten gibt, mit dem eigenen Körper Musik zu machen und Bewegungen auszuführen. Die Gesten werden gleichzeitig zum Text ausgeführt. Die Gruppe steigt dann bei den Wiederholungen der Bewegungen mit ein, bis alle den entsprechenden Vorschlag nachmachen können.

Tipp: Die Gruppe übernimmt jeweils den Gesang. So kann ein Kind sich auf die Bewegungen und Klanggesten konzentrieren. Ein Stuhl dient zusätzlich zur Präsentation des jeweiligen Soloteils. Die Kinder entscheiden, wer als nächstes drankommt. Ggf. wird der gesungene Abschnitt mit den vorgegebenen Bewegungen wiederholt.

Dann kommt wieder der Anfangsteil „Mach's gerade so wie ich".

Funkstation

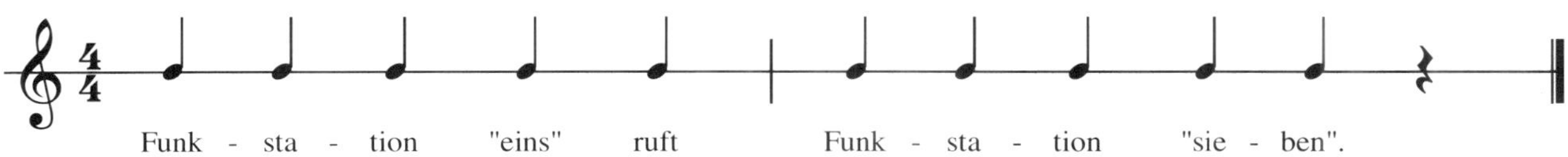

Funksta**tion** (**eins**) **ruft**
Funksta**tion** (**sieben**).

Spielanregung

Dieses Spiel baut auf einer durchgängigen Rhythmisierung des Textes: „Funkstation (...) ruft Funkstation (...)" auf. Als Bezeichnungen für die „Funkstationen" können Zahlen, Tierbegriffe oder die eigenen Vornamen verwendet werden. Im ersten Fall bekommen alle zu Beginn eine Nummer – entweder der Reihe nach oder (etwas schwieriger) die Zahlen werden gemischt und gezogen. Dabei weiß dann keiner, wer welche Nummer hat. Dann wird vereinbart, wie das Spiel weitergeht. Ich schlage vor, mit Klanggesten auf jeden Taktschlag folgende Reihenfolge durchzuhalten:

1. Auf die Oberschenkel patschen (**Funk**-sta-)
2. Klatschen (**-tion**)
3. Mit dem rechten Daumen wird hinter die Schulter gezeigt (**eigene Nummer** / Namen sagen)
4. Mit dem linken Daumen hinter die linke Schulter (**ruft**).

Beim nächsten Durchgang wird dann bei der „3" die Fremdnummer oder der andere Namen genannt.

Die neue Funkstation muss sofort reagieren, sich melden und sich dann die neue Nummer ausdenken. Ein Spiel also, das nicht für Schlafmützen gedacht ist. Wichtig dabei ist mit den Klanggesten im Rhythmus zu bleiben. Die „Funkstation" kann als Ausscheidungsspiel gespielt werden (wer nicht aufgepasst hat, muss pausieren). Eine andere Möglichkeit besteht darin, dass nach dem Versenden der Funksignale der Platz der angepeilten Station übernommen werden muss.

Sie können auch versuchen, als Spielleiter das Tempo zu steigern.

Wer hat den Keks aus der Dose geklaut?

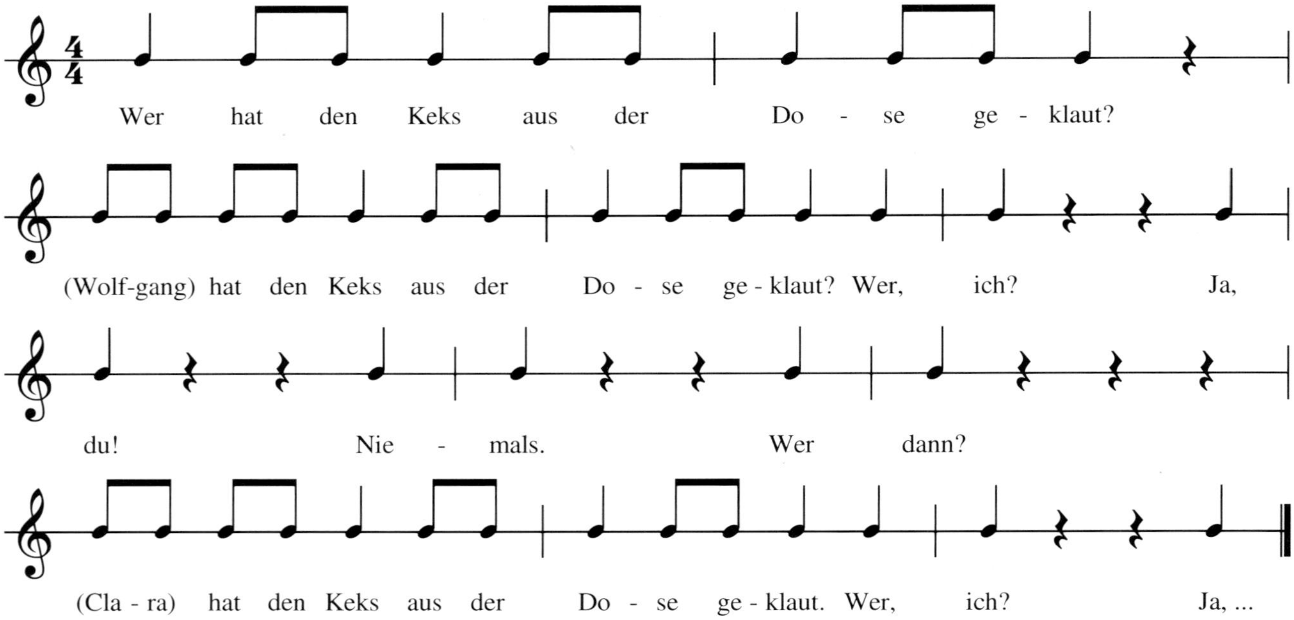

Intro: **Wer** hat den **Keks** aus der **Do**se ge**klaut**?
Wolfgang (Name des Spielleiters einsetzen)
hat den **Keks** aus der **Do**se ge**klaut**!
Wer, **ich**?
(fragt der/die Angesprochene)
Ja, **du**! (alle)
Nie**mals**. (der/die Angesprochene)
Wer **dann**? (alle)

Clara hat den ...

Spielanregung

Alle einigen sich zunächst auf eine einfache Begleitung des Sprechtextes mit körpereigenen Klanggesten, z. B. auf die Knie patschen und in die Hände klatschen – und das immer abwechselnd. Dann wird das Stück rhythmisch gesprochen, z. B. so wie es oben mit den Noten aufgezeichnet ist. Dabei können auch noch mehr Pausen eingeplant werden. Wichtig ist, sich auf einen einheitlichen Sprechrhythmus zu einigen, der dann immer wiederholt wird. Zu Beginn wird von der Gruppenleitung nach der Einleitungsfrage „Wer hat den Keks aus der Dose geklaut?" am besten mit dem eigenen Namen begonnen. Nach einem Probedurchgang wird ein Name aus der Runde ausgewählt, z. B. „Clara hat den Keks aus der Dose geklaut." Clara fragt: „Wer, ich?" Alle antworten: „Ja, du!" Clara: „Niemals!" Die Angesprochene muss also gleich reagieren und dann einen neuen Namen (z. B. Lisa) aus der Runde nennen, an den das Spiel weitergegeben wird. Lisa muss ihrerseits sofort reagieren, antworten und das Spiel an einen neuen Mitspieler oder eine Mitspielerin weitergeben.

Besonders gut werden dabei Reaktionsvermögen und rhythmisches Sprachgefühl gefördert. Nebenbei ist es ein schönes Kennenlernspiel. Das Stück ist in dieser Version eher für ältere Kinder und Teenies geeignet. Jüngere Kinder spielen mit einfacheren Regeln, indem z. B. der rhythmisierte Text gekürzt und freier gestaltet werden kann. Das Spiel wird solange wiederholt, bis alle Namen dran waren. Auch andere Textversionen sind möglich, z. B.: „Wer hat die Bonbons aus dem Glas geklaut?“

Variante: Der Sprechgesang ist die Übertragung eines englischen Sprechverses. Ältere könnten also das Spiel auch auf englisch spielen, und zwar mit folgenden Versen:
„**Who** stole the **coo**kies from the **coo**kie **jar**?“ **Tim**my stole the **coo**kies from the **coo**kie **jar**. Who **me**? Yes, **you**! Not **me**! Then **who**?

Die Aha-Begrüßung

Wir **klop**fen **al**le **Schlag** auf **Schlag**
auf **Holz** und **wün**schen „**Gu**ten **Tag**“.
Wir **stamp**fen **mit** den **Fü**ßen **dann**
so **laut** wie **das** nur **je**der **kann**
und **ru**fen **auch** noch „**Ha** ha **ha**“
und **schließ**lich „Oooooo-**lé**“.

Spielanregung

Die Spielleitung zählt 1, 2, 3 und dann kann es losgehen (Einsatz auf der „Vier“ als Auftakt). Zum gesprochenen Text werden die entsprechenden Klänge produziert. Im ersten Teil klopfen alle auf den Stuhl, den Tisch oder einen anderen Gegenstand aus Holz. Dann wird fest gestampft. Zu „Ha ha ha“ wird dreimal geklatscht. Das Stück endet mit dem letzten „Olé“, wobei das „O“ von leise bis laut gezogen wird. Dazu gibt es eine entsprechende Geste mit der Hand. Diese Möglichkeit der Begrüßung lässt sich im Tempo variieren und steigern.

Tipp: Mit einer rhythmisch geübten Gruppe könnte ein dreistimmiger Sprechkanon probiert werden. Einsatz ist dann für die zweite Gruppe am Anfang der zweiten und für die dritte Gruppe am Anfang der dritten Zeile. Der Text muss gleichmäßig gesprochen werden. Genauere Anleitungen zum Kanonsprechen und Singen gibt es in meinem Buch „Kinderleichte Kanons“, ebenfalls im Ökotopia-Verlag erschienen.

Wir klatschen langsam

2

Text: Wolfgang Hering
Musik: trad

1. Wir klatschen langsam,
wir klatschen: „Klack klack klack“.
Wir klatschen langsam,
das ist nicht schwer.

2. Auch auf die Schulter,
wir klopfen: „Bum bum bum“.
Auch auf die Schulter,
Das ist nicht schwer.

3. Wir blasen wie der Wind
und blasen: „Ffff fff fff“.
Wir blasen wie der Wind,
das ist nicht schwer.

4. Und kitzeln unter'm Kinn,
wir kitzeln: „Killi killi kill“,
kitzeln unter'm Kinn,
das ist nicht schwer.

5. Berühr'n die Nase
mit einem: „Dipp dipp dipp“,
berühr'n die Nase,
das ist nicht schwer.

6. Wir klatschen langsam
und sagen: „Wiederseh'n“,
klatschen langsam,
das ist nicht schwer.

Spielanregung

Als Partnerspiel: Zwei Partner stehen sich gegenüber mit dem Gesicht einander zugewandt. Es gibt nun verschiedene Möglichkeiten das Lied in eine Bewegungsabfolge umzusetzen.

1. Die Bewegung wird zunächst selbstständig und dann mit dem Partner ausgeführt, d. h. erst in die eigenen Hände und dann bei „Klack klack klack“ in die fremden Hände klatschen.

2. Der Text der Strophe wird zunächst leise und dann an der entsprechenden Stelle lauter umgesetzt, z. B. mit einer Hand auf die gegenüberliegende Schulter klopfen, erst leicht, dann bei „Bum bum bum“ etwas fester.

Dann wird das restliche Lied in Szene gesetzt. Einzelne Strophen können vorher abgesprochen sein. Schließlich schlagen die Kinder die Art und Weise vor, wie es weitergeht: Klatschen, Patschen, auf die Wangen klopfen, Stampfen etc. Neue Ideen werden ausprobiert.

Es ist auch denkbar, dass innerhalb einer Strophe zwei Klangbewegungen oder andere Kombinationen ausprobiert werden. Die hier aufgeführten Strophen sind nur als Vorschläge zu verstehen. Das Lied kann auch als Kreisspiel gestaltet werden. Einer macht etwas vor, die anderen ahmen bei der Wiederholung alles nach.

Die Melodie stammt von dem badischen Volkslied „In Mueders Stübele“.

Scheibenwischer

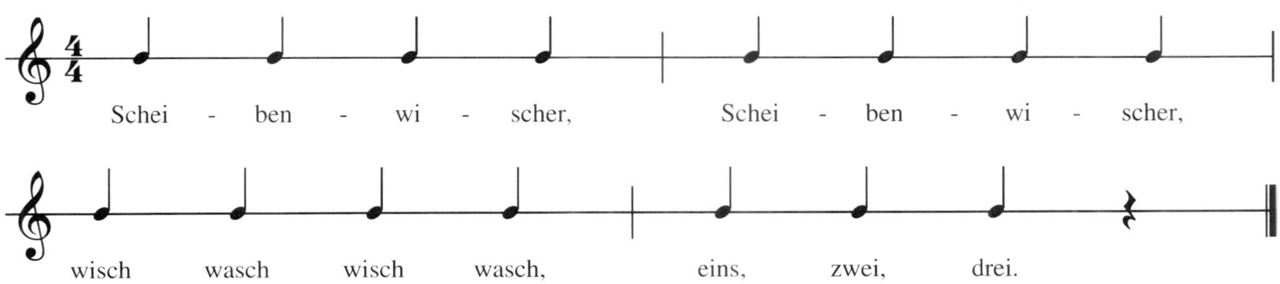

Scheiben**wi**scher, **Schei**ben**wi**scher,
wisch wasch **wisch** wasch, **eins**, zwei, ***drei***.

Spielanregung

Dies ist eine klassische Spielidee. Der Text kann zum Klatschen beliebig verändert und erweitert werden. Entscheidend ist die letzte Silbe. In unserem Fall wird nach dem Text „Scheibenwischer, Scheibenwischer, wisch wasch wisch wasch“ bis drei gezählt. Alle stehen im Kreis nach innen gewandt. Die rechte Hand liegt auf der linken Hand des rechten Partners, die linke entsprechend unter der Hand des linken Partners.

Ein Impuls geht im Kreis ähnlich wie bei einem Scheibenwischer reihum. Acht Klapse für die erste Zeile, d. h. einen für jede Silbe. Dabei wird der Sprechtext aufgesagt. Die Art und Weise des Kreisklatschens besteht darin, mit einer Hand den Impuls vom rechten Nachbarn zu erhalten und ihn dann – nach einer Bogenbewegung vor dem Körper – an den linken Nachbarn weiterzugeben. Als Clou muss am Schluss, wenn gezählt wird, die Person, die bei „drei" dran ist, versuchen die Hand wegzuziehen. Gelingt ihr das, muss der vorherige Mitspieler ausscheiden. Sonst scheidet sie selbst aus. Zum Schluss sitzen sich zwei im großen Finale gegenüber und der „Scheibenwischer-Champion" wird gefunden. Das Tempo kann verändert werden, wenn das Spiel zu leicht für die Gruppe ist.

Tipp: Alle, die ausscheiden können trotzdem mitmachen, indem sie einen Außenkreis bilden, der den Impuls des Innenkreises mitklatscht und den Sprechtext aufsagt.

Die Löwenjagd

Refrain:
Vorsprecher:
Geh'n wir **heut** auf **Löwenjagd**?
Alle:
Ja, wir **geh'n** auf **Löwenjagd**.

Vorsprecher:
Doch halt, was ist das? Ist das ein Löwe?
Alle:
Nein, das ist kein Löwe.

Gesprochene Strophen:

Wir gehen einen Wanderweg entlang.
Mit den Händen rhythmisch auf die Oberschenkel klopfen

Wir gehen über eine große Wiese.
Mit den Handflächen über die Knie abrutschen

Wir schwimmen durch einen tiefen Fluss.
Schwimmbewegungen imitieren

Wir gehen durch einen tiefen Sumpf.
Die Beine stampfen mit (Das geht im Sumpf ganz schwer)

Wir stampfen durch ein großes Matschfeld.
Auf die hohlen Backen klopfen

Wir schleichen durch das hohe Gras.
Mit den Händen Gras zur Seite schieben

Wir gehen über eine große Holzbrücke.
Auf die Brust klopfen

Wir machen ein Feuer und blasen es aus.
Mit den Fingern die Flammen darstellen und das Feuer ausblasen

Wir gehen durch einen dunklen Wald.
Vorsichtig und langsam auf den Knien weitergehen

Wir kommen an eine Höhle.
Mit den Händen im Dunkeln (mit geschlossenen Augen) vorwärtstasten

Refrain:
Vorsprecher:
Geh'n wir heut auf Löwenjagd?
Alle:
Ja, wir geh'n auf Löwenjagd.

Vorsprecher:
Doch halt, was ist das? Ist das ein Löwe?
Ja, das ist ein Löwe.

(alle erschrecken)

Wir laufen zurück durch den Wald, über eine Holzbrücke, durch das Gras, durch ein Matschfeld, durch einen Sumpf, durch einen Fluss, über eine große Wiese, einen Wanderweg entlang, in unser Haus: Puh, geschafft.

Spielanregung

Die „Löwenjagd“ oder auch „Bärenjagd“ ist eines der bekanntesten Bewegungsspiele mit rhythmischen Klangelementen. Es ist ein Klassiker in Kindergärten, Grundschulen und auf Kinderfesten. Für mich ist es immer wieder spannend zu sehen, welche Variationen in dem Stück vorkommen können. Da werden Pistolen und Schwerter ausgepackt, vor den Hindernissen wird überlegt, ob es oben, unten oder außen herum weitergeht – nein, natürlich nur mittendurch –, plötzliche Schwierigkeiten auf dem Weg tauchen auf usw.
Der Refrain „Geh'n wir heut auf Löwenjagd“ wird rhythmisch gesprochen und mit der abgewandelten Zeile „Ja, wir geh'n ...“ von allen wiederholt. Dazu werden immer wieder die gleichen rhythmischen Bewegungen ausgeführt. Das Besondere des Stückes besteht darin, dass auf dem Weg bis zur Höhle ganz verschiedene Gebiete überwunden werden müssen und jede Interpretation anders aussieht. Auf der Flucht vor dem Löwen läuft alles im Zeitraffer wieder rückwärts. Ich habe hier einige Bewegungsteile aneinandergereiht, die sich – wie im Baukastensystem – für eine Tour eignen. Die einzelnen Stationen können immer wieder verändert werden. Die Kinder freuen sich, wenn sie selbst neue Hindernisse vorschlagen dürfen. Das Stück lebt von der Wiederholung des Textes mit den entsprechenden Bewegungselementen.

Ich trommle langsam los

Ich trommle, trommle langsam los,
ich hör gut hin, wie klingt das bloß.
Ich trommle, trommle, eins, zwei, drei
und bin so richtig gut dabei.
Ich trommle sanft, ganz sanft und leis,
da komm ich nicht so schnell in Schweiß.
Ich bin beim Trommeln mittendrin
und leg ein kleines Solo hin: (...).
Ich werd dazu noch lauter dann,
jetzt trommle ich so laut ich kann.
Und weil ich schließlich aufhör'n muss,
komm ich allmählich – zum Schluss.

Spielanregung

Es müssen nicht unbedingt Trommeln vorhanden sein. Auf Stühlen und Tischen kann ebenfalls mitgeklopft werden. Am besten wird das Gedicht zunächst einmal „trocken" gelesen und dann besprochen, wie die einzelnen Gedichtteile umgesetzt werden können. In einem zweiten Durchgang wird die getrommelte Vertonung versucht. Wo im Text ein Gedankenstrich steht, muss am Schluss eine Pause eingeplant werden, die je nach Gruppensituation und Alterszusammensetzung unterschiedlich lang sein kann. Die Pause kann z. B. für einen gemeinsamen Trommelschlag genutzt werden oder auch ein Gong kann an dieser Stelle zum Klingen kommen, der alle dazu bringt mucksmäuschenstill zu sein.

Regen, Regen, tropf, tropf, tropf

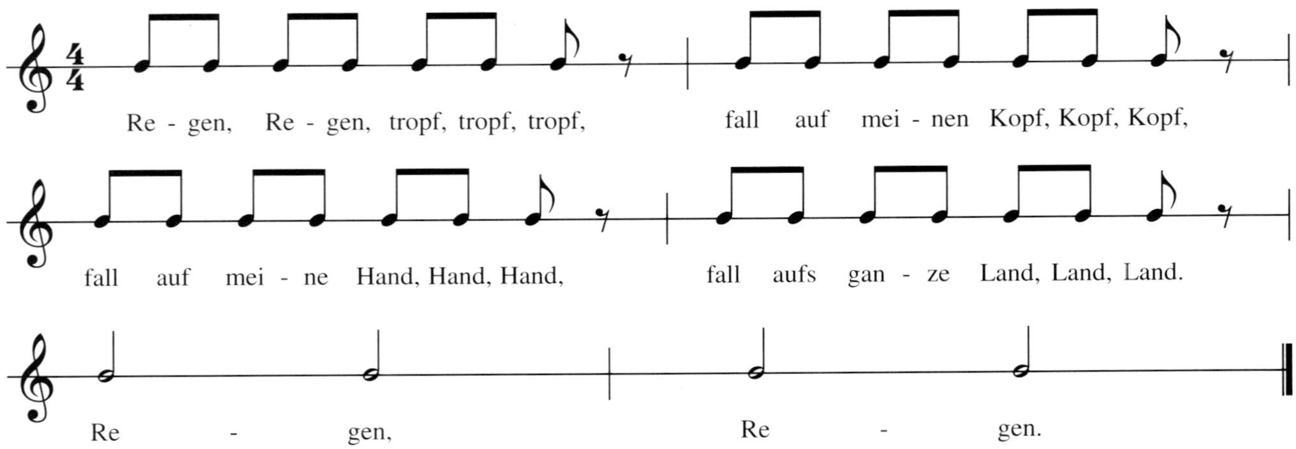

1. **Re**gen, **Re**gen, **tropf**, tropf, **tropf**,
Finger klopfen auf die Knie
2. **fall** auf **mei**nen **Kopf**, Kopf, **Kopf**,
Finger klopfen auf den Kopf
3. **fall** auf **mei**ne **Hand**, Hand, **Hand**,
Finger der rechten Hand klopfen auf die linke Hand
4. **fall** aufs **gan**ze **Land**, Land, **Land**.
Mit allen Fingern den Regen in der Luft darstellen.

5. **Re – gen, Re – gen.**
Im Rhythmus der Silbenverteilung tippen einzelne Finger langsam auf die Oberschenkel.

Spielanregung

Ein kleines rhythmisches Spiel für die Finger: Bei „tropf, tropf, tropf“ klopfen alle Finger sanft auf die Knie. In der zweiten Zeile trommeln sie zart auf den Kopf. Im dritten Teil prasseln die Finger einer Hand auf den anderen Handrücken. Schließlich stellen alle Finger pantomimisch in der Luft einen Regen dar. Am Ende wird das Wort „Regen“ ganz langgezogen gesprochen, und die Finger tippen dabei ganz langsam auf die Oberschenkel.

Johnny

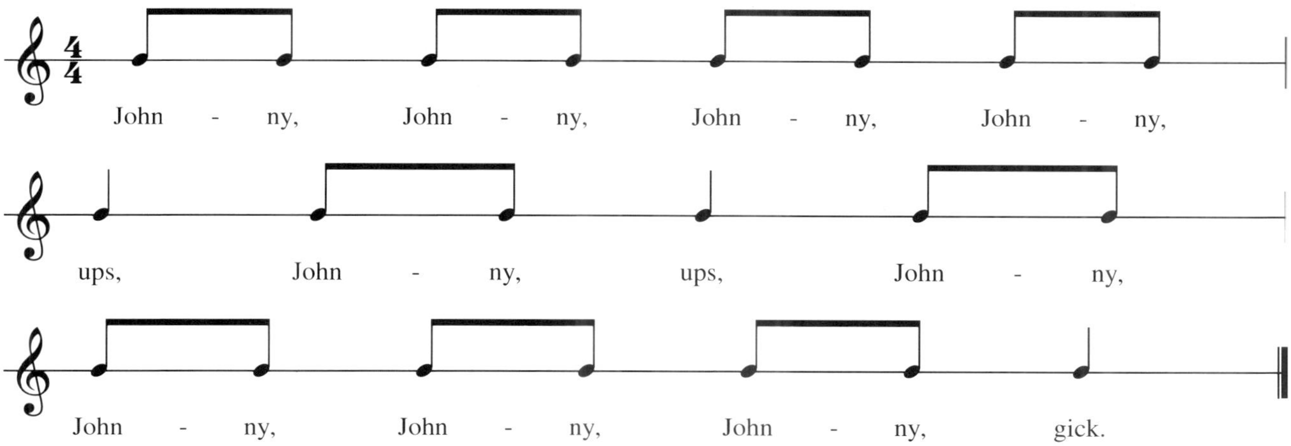

Johnny, **John**ny, **John**ny, **John**ny,
ups, **John**ny **ups**, **John**ny,
Johnny, **John**ny, **John**ny, **gick**.

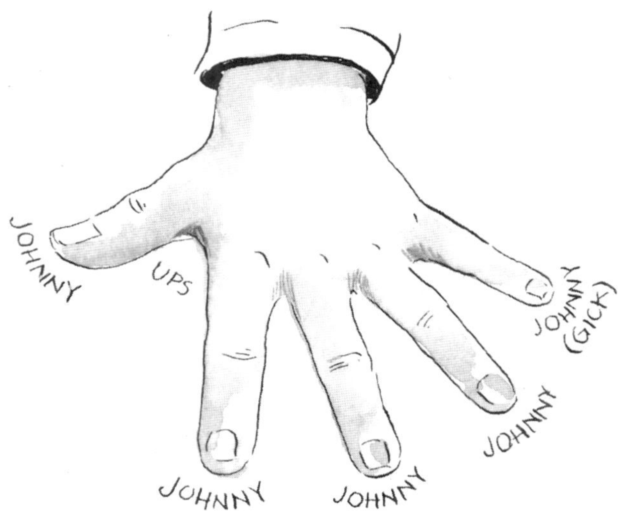

Spielanregung

Dies ist ein rhythmisches Koordinationsspiel. Eine Hand wird in die Luft gehalten, und mit der anderen werden die Finger der Reihe nach gezählt. Zu jedem einzelnen Finger wird „Johnny" gesagt. Es geht los mit dem kleinen Finger. Dann kommen Ring-, Mittel- und Zeigefinger. Zwischen Zeigefinger und Daumen ist sozusagen eine kleine Rutschbahn, „ups" benannt. Dann geht es weiter und der Daumen wird wieder als „Johnny" bezeichnet. Nun geht das Fingerspiel in umgekehrter Reihenfolge wieder zurück. Am Schluss gibt es noch einen Ausruf, der nach dem kleinen Finger kommt: „Gick!" Es beginnt eine neue Runde. So geht es hin und her. Alle müssen höllisch aufpassen, wenn das Johnny-Spiel immer schneller wird.
Noch schwieriger wird es, wenn bei unterschiedlichen Fingern begonnen wird.

Tipp: Mit verschiedenen Gruppen kann das Stück auch als Sprechkanon realisiert werden, d. h. jede Gruppe beginnt mit einem anderen Finger.

Pick, pick, pick, so macht das Huhn

Pick, pick, **pick**,	*Mit einem Finger dreimal auf den Handrücken der anderen Hand picken*
so **macht** das **Huhn**.	*Einen Kamm auf dem Kopf anzeigen*
Pick, pick, **pick**, hat **viel** zu **tun**.	*Über die Stirn wischen*
Pick, pick, **pick**, es **legt** ein **Ei**.	*Ein Ei anzeigen*
Pick, pick, **pick**, auch **manch**mal **zwei**.	*Mit beiden Händen je ein Ei darstellen*
Pick, pick, **pick**, so **schläft** das **Huhn**.	*Hände an den Kopf zum Schlafen*
Heut hat **es** nichts **mehr** zu **tun**.	*Langsamer sprechen*

Spielanregung

Bei „Pick, pick, pick" wird jeweils dreimal mit einem Finger auf den Handrücken der anderen Hand geklopft. Dann wird der Rest des Textes im weiteren Ablauf pantomimisch dargestellt.

Zwei Elefanten

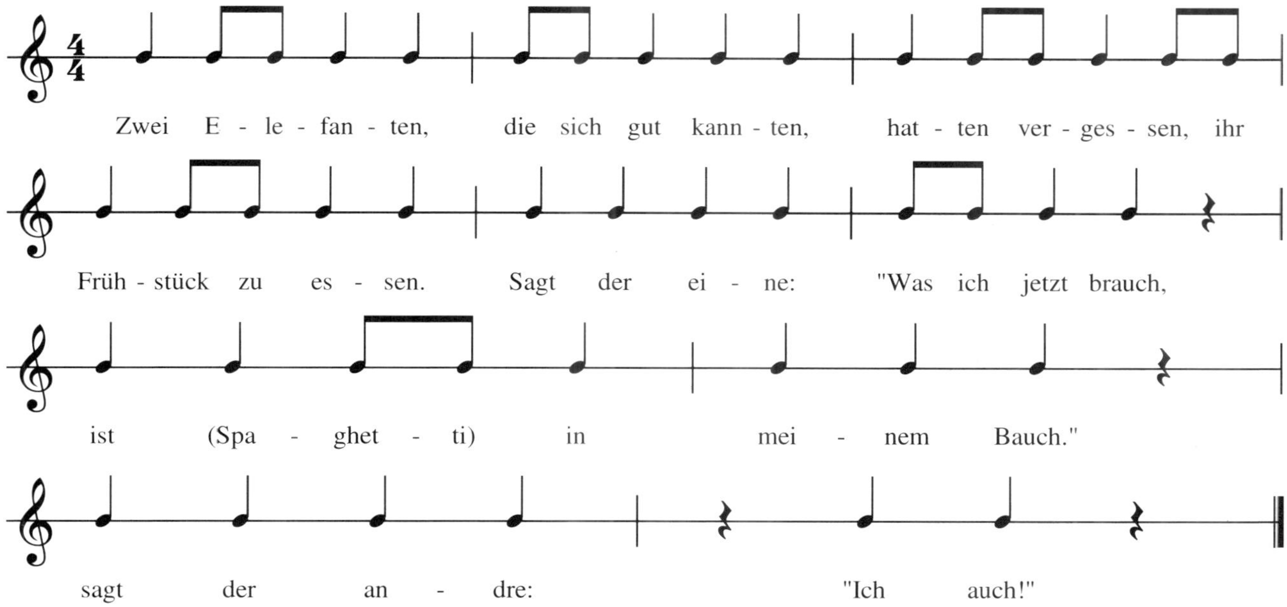

Zwei Ele**fan**ten,
die sich gut **kann**ten,
hatten ver**ges**sen,
ihr **Früh**stück zu **es**sen.
Sagt der **ei**ne:
„**Was** ich jetzt **brauch**,
ist (Spaghetti)
in **mei**nem **Bauch**“.
Sagt der **an**dre:
„Ich **auch**!“

Spielanregung

Alle stehen im Kreis und halten sich an den Händen. Die Hände werden gleichmäßig rauf und runter bewegt und der Text dazu rhythmisch gesprochen.
Wer an der Reihe ist, darf sich eine Speise aussuchen. Die Wörter werden an der entsprechenden Stelle eingebaut, ggf. wird der Text verlängert. Vor den letzten beiden Wörtern („Ich auch“) gibt es eine kleine Pause, in die auch geklatscht werden kann. Ein Vers, der sich gut vor dem Essen sprechen lässt.

Wie viel Knöpfe sind da dran?

Nummer Eins

Nummer 1 schläft in Mainz.
Nummer 2 rührt im Brei.
Nummer 3 macht Geschrei.
Nummer 4 spielt Klavier.
Nummer 5 tippt an die Strümpf.
Nummer 6 ist leicht verhext.
Nummer 7 bleibt gern liegen.
Nummer 8 springt hoch und lacht.
Nummer 9 sagt immer „Nein“.
Nummer 10 ruft: „Tschüs, wir geh'n.“

Spielanregung

Als Kreisspiel:
1. Zehn Zettel mit den Nummern von eins bis zehn werden verteilt. Das Gedicht wird aufgesagt. Wenn die Zahl der entsprechende Strophe an der Reihe ist, führt das Kind mit der zugewiesenen Nummer die Textdarstellung in eigener Interpretation aus.

2. Das Nummernspiel geht reihum. Der Text wird rhythmisch gesprochen und dazu geklatscht. Dann muss die Spielaufforderung pantomimisch ausgeführt werden. Sind alle zufrieden, kommt die nächste Nummer an die Reihe. Das Spiel beginnt von neuem und wird immer schneller interpretiert.

Zum Schluss führt die gesamte Gruppe alle Spielanregungen der Reihe nach hintereinander durch.

Tipp: Das Stück kann auch als Fingerspiel ausgeführt werden. Nach und nach treten die zehn Finger auf und stellen ihre Rolle dar.

Klatschlied für kalte Tage

◉ 3

Günter Staniewski

1. Einmal klatschen, zweimal klatschen, dreimal klatschen und vier,
fünfmal klatschen, sechsmal klatschen, siebenmal klatschen und mehr.
Achtmal klatschen, neunmal klatschen, zehnmal klatschen und dann,
krieg ich warme Hände und fang von vorne an.

2. ... stampfen ...
... krieg ich warme Füße und fang von vorne an.

3. ... patschen ...
... krieg ich warme Beine und fang von vorne an.

4. ... schnipsen ...
... krieg ich warme Finger und fang von vorne an.

Spielanregung

Jeweils beim Zählen mitklatschen, d. h. bei „einmal“, „zweimal“ usw. – zum Schluss die Hände reiben.

1. Variante: immer mehr Klatscher dazu nehmen, also bei „einmal“ einmal klatschen, bei „zweimal“ ein Klatscher mehr, dann dreimal, viermal usw. An den Textstellen wird also entsprechend gewartet, bis alle fertig geklatscht haben.

2. Variante: Es ist gar nicht so einfach, die Hände gegen den Taktschlag zusammen zu schlagen, d. h. immer dann, wenn das Wort „klatschen“ kommt.
Ganz Mutige können zwei Gruppen bilden und verabreden, dass die einen mit dem und die andern gegen den Taktschlag klatschen.

Erweiterung:
Statt „klatschen“ werden die anderen drei Verben „stampfen“, „patschen“ und „schnipsen“ eingesetzt und am Schluss der Text der Spielidee angepasst. Kleinere Kinder können statt des Schnipsens mit der Zunge schnalzen. Dann besteht die Möglichkeit, weitere Strophen zu erfinden. Zum „Hüpfen“ werden die „Füße“ warm, zum „Winken“ passend die Arme usw.

Wieviel Knöpfe sind da dran?

Clara (Name einsetzen) hat ein (**ro**tes) **Hemd** heut **an**.
Wieviel **Knö**pfe **sind** da **dran**?

1, 2, 3, 4 ... (Zählen).

Spielanregung

Das Spiel mit dem ersten Vers funktioniert nur, wenn ein Großteil der Gruppe an der Kleidung Knöpfe hat. Der Spruch wird aufgesagt und dabei abgezählt. Wer dran ist, muss seine Knöpfe zählen. Diese Anzahl wird in der Runde weitergezählt, um zu dem neuen Kind zu kommen, das dann wiederum nach dem Aufsagen des Verses seine Knöpfe zählt. Wenn einer keine Knöpfe an, wird mit dem Vers und dem rhythmischen Abzählen von vorne begonnen. Eine andere Möglichkeit besteht darin, dass sich in diesem Fall das Abzählen in die andere Richtung fortsetzt.

1. Variante:
Nico (Name einsetzen) hat **Hemd** und **Hose** (bunte Kleider) heut **an**.
Wieviel **Far**ben **sind** da **dran**?

Wir können das Spiel auch mit Farben durchführen. Sie sollen benannt und gleichzeitig mit den Fingern aufgezählt werden.

2. Variante:
(Name einsetzen) hat (Farbe einsetzen) Schuhe heut an.
Wieviel Löcher sind da dran?

Andere Dinge können aufgezählt werden, wie Löcher für die Schnürsenkel an den Schuhen, Zähne / Zahnlücken, Bilder auf dem Pullover etc.

Liebe Sonne

Ich erzähle euch von einem Land, das hinter hohen Bergen versteckt liegt. Die Sonne steigt da niemals auf – es ist immer stockduster. Die Menschen dort tragen Feuerlampen – jeder eine. Keiner kann den anderen besonders gut leiden. Eines Tages kommt ein Wanderer in das Land und erzählt von der Sonne, die er gesehen hat: der großen Himmelslampe. Keiner will ihm glauben, dass es so was gibt. Der Wanderer erzählt von der hellen, großen Scheibe, die jeden Morgen am Himmel aufsteigt. Die Sonnenstrahlen wecken die Vögel in den Nestern, die Blumen öffnen die Blütenkelche und die Sonnenblume dreht ihr Gesicht ins Licht der Sonne. Der Wanderer erzählt kleine Geschichten und singt von Sonne und Mond. Da bekommen alle, die ihm zuhören, ein großes Verlangen nach Helligkeit, nach Wärme und nach Sonne. Der Wanderer sagt: „ Ihr müsst die Sonne hervorlocken. Das geht mit wohlklingenden Tönen. Sucht euch Instrumente zusammen und spielt auf ihnen eine Sonnenmusik. Dann wird die Himmelsleuchte schon hierher kommen.“

Zunächst passiert gar nichts. „Ihr müsst noch etwas länger und kräftiger spielen.“ Und die Einwohner des Landes spielen und spielen. Eines Tages geschieht dann das Wunder. Es wird hell und heller. Und plötzlich taucht hinter den Bergen eine Scheibe auf, die Sonne. Sie leuchtet zunächst rot, wie eine aufgeschnittene Blutorange, dann wird sie gelb und als sie ganz oben am Himmel steht, glänzt sie wie aus purem Gold. Da tanzen alle und machen zusammen ganz laut ihre Sonnenmusik, und einigen wird es ganz warm ums Herz.

Spielanregung

Jedes Kind hat ein Instrument in der Hand. Bei dem Stichwort „Sonne“ versuchen alle ihr Klangwerkzeug so liebenswert und fein zu spielen, wie es ihnen nur möglich ist. An den entsprechenden Textstellen können alle freier spielen. Zum Schluss führen sie ihre Sonnenmusik auf. Die Interpretation der Story kann auch an einer Wandzeitung oder Tafel aufgezeichnet werden. Die Geschichte wird mit Hilfe von einfachen musikalischen Symbolen festgehalten, die vorher abgesprochen sind. Mit einem Zeigestock deutet der Spielleiter auf die Symbole, die Kinder setzen sie mit ihrem Instrument entsprechend um.

Plötzlich ist ein Finger weg

Eins, zwei, drei, vier, fünf, sechs, sieben,
Hände bleiben alle liegen,
Finger rühr'n sich nicht vom Fleck,
doch plötzlich ist ein Finger weg.

Spielanregung

Jeder legt eine Hand in die Mitte auf den Tisch. Dann werden die Finger der Reihe nach abgezählt und der Vers dazu aufgesagt. Der Finger, der bei der letzten Silbe „weg" erreicht wird, muss in der nächsten Runde unter der Hand verschwinden und wird eingezogen, d. h. bei jedem Spiel gibt es einen Finger weniger auf dem Tisch.

Das Nicknack-Einmaleins

4

Text: M.Eickmann,W.Hering, B. Meyerholz
Musik: trad (England)

1. Alter Mann, er spielt eins,
spielt das Nicknack-Einmaleins.
Nicknack padiwack,
Knochen für den Hund,
Opas Bauch ist kugelrund.

2. Alter Mann, er spielt zwei, spielt das Nicknack mit 'nem Ei. ...
3. Alter Mann, er spielt drei, ... auch im Mai. ...
4. Alter Mann, er spielt vier, ... am Klavier. ...
5. Alter Mann, er spielt fünf, ... ohne Strümpf. ...
6. Alter Mann, er spielt sechs, ... mit der Hex. ...
7. Alter Mann, er spielt sieben, ... übertrieben. ...
8. Alter Mann, er spielt acht, ... bis es kracht. ...
9. Alter Mann, er spielt neun, ... in der Scheun. ...
10. Alter Mann, er spielt zehn, ... beim Fernseh'n. ...

Spielanregung

Dies ist eine einfache Textübertragung des englischen Kinder-Klassikers „This old man". Wenn Instrumente vorhanden sind, wird verabredet, dass zum Refrain „Nicknack padiwack ..." alle kräftig mit ihren Klanggeräten mitspielen und zusätzlich mitsingen dürfen. Beim übrigen Text ruhen die Instrumente. Die Strophen singt am besten die Gruppenleiterin oder einer in der Runde allein, bis die jeweilige Zahl genannt wird. Dann spielt jeder sein Instrument mit so viel Schlägen wie in der Strophe vorgegeben ist. Eine entsprechend lange Pause wird dafür gelassen.
Beispiel: Alter Mann, er spielt drei (x x x), spielt das Nicknack auch im Mai ...
Hier wird also das eigene Instrument drei Mal mit kurzen Tönen betätigt.
Wenn keine Instrumente vorhanden sind, wird die musikalische Begleitung von körpereigenen Klanggesten wie Klatschen und Patschen übernommen.

Tipp: Es können neue Reimwörter erfunden werden.

Ich hab gefischt

Ich **hab** ge**fischt**, ich **hab** ge**fischt**,
ich **hab** die **gan**ze **Nacht** ge**fischt**
und **ei**nen **Fisch** er***wischt***.

Spielanregung

Die Hände liegen auf dem Tisch und einer ist der Fischer. Er kreist mit seiner Hand über den anderen Händen, die die Fische darstellen. Dann wird der Spruch gesagt. Bei der letzten Silbe darf der Fischer zuschlagen. Wenn er einen Fisch erwischt hat, wird dieser zum Fischer, ansonsten beginnt eine Runde mit einem neuen Versuch.

Nach fünfmaligem Versuch einen Fisch zu erwischen, wird der nächste in der Runde automatisch zum Fischer.

Die hohen Wolken

Ein Junge liebt es, den Wolken nachzuschauen. Wo fliegen die vielen hohen Wolken hin? An diesem Tag liegt wieder ein Hochdruckgebiet mit vielen Wolken am Himmel über der Stadt. Der Junge lebt im Hochhaus und sitzt gerne auf dem Balkon. Stundenlang sieht er die Wolken hoch am Himmel vorbeiziehen: weiße, graue und manchmal schwarze Wolken.
Der Junge sucht sich eine hohe Lieblingswolke aus und sieht ihr nach, bis sie in der Ferne verschwunden ist. Ob man darauf auch reiten kann? Er klettert auf das Dach, doch er kann selbst die niedrigste Wolke nicht erreichen. Er fährt mit dem Fahrrad den Berg hinauf und steigt auf einen Hochsitz am Rand der Wiese, dann auf einen hohen Baum bis in die Krone, aber die Wolken sind noch höher. Er steigt weiter hoch auf den alten hohen Turm mit dem Sendemast. Vergeblich! Selbst ein Feuerwehrauto mit einer hohen Feuerwehrleiter würde sie nicht erreichen. Er radelt wieder zurück und kommt an dem Segelflugplatz vorbei. Dort trifft er seinen Nachbarn, Herrn Hochleben. Er erzählt ihm von seinem Traum. Da hat Herr Hochleben die Idee. Er nimmt ihn zu einem Flug mit einem Segelflugzeug mit. Sie werden mit einem Motorflugzeug bis über die Wolken hochgezogen. Nun endlich fliegt der Junge so hoch, wie er es sich schon immer erträumt hat. Ihm kommt unwillkürlich das Lied in den Sinn „Hoch soll er leben, hoch soll er leben, dreimal hoch."

Spielanregung

Diese Geschichte kann gut als Einstieg in das Spiel mit Instrumenten verwendet werden. Immer wenn das Wort „hoch" zu hören ist, klatschen die Kinder oder bringen ihr Instrument zum Klingen. Im nächsten Schritt werden die Kinder in zwei Gruppen eingeteilt. Das Stichwort „Wolke" wird hinzugenommen. Die eine Gruppe hat z. B. Instrumente aus Holz, die andere aus Metall. Beide Gruppen werden bei ihren Stichwörtern aktiv.

Durch das Reagieren auf die Stichwörter „Wolke" und „hoch" werden die Kinder zum aktiven Hören angeregt. Dabei können sie mit den verschiedensten Instrumenten und auch dem eigenen Körper Klänge erzeugen.

In einem zweiten Durchgang wird verabredet, dass bei „hoch" alle ihr Instrument so hoch und hell wie möglich zum Klingen bringen und bei „Wolke" ganz frei spielen. Neue Verabredungen für die Begriffe können erfunden werden.

Zehn bunte Luftballons

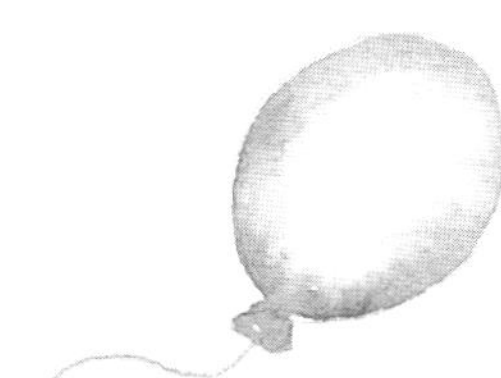

5

Text: Ulrike Meyerholz
Musik: trad

1. Zehn bunte Luftballons,
die fliegen in die Ferne.
Zehn bunte Luftballons,
die fliegen ja so gerne.

2. Zehn bunte Luftballons,
die sich am Tag erfreu'n,
sehen wie ein Vogel pickt, peng –
da waren's nur noch neun.

3. Neun bunte Luftballons,
die fliegen in der Nacht.
Der grüne sieht den Kirchturm nicht, peng –
da waren's nur noch acht.

4. Acht bunte Luftballons,
wie sie den Himmel lieben.
Den gelben hat der Wind gepackt, peng –
da waren's nur noch sieben.

5. Sieben bunte Luftballons,
ein Vogel lässt 'nen Klecks.
Igittigitt ruft ein Ballon, peng –
da waren's nur noch sechs.

6. Sechs bunte Luftballons,
die tanzen durch die Sümpf.
Die Leine hält den roten fest, peng –
da waren's nur noch fünf.

7. Fünf bunte Luftballons,
die treffen einen Stier.
Der blaue kommt dem Horn zu nah, peng –
da waren's nur noch vier.

8. Vier bunte Luftballons,
die seh'n 'nen Papagei.
Der hat ganz spitze Krallen, peng –
da waren's nur noch drei.

9. Drei bunte Luftballons,
die schweben hier vorbei.
Einer sieht das Hausdach nicht, peng –
da waren's nur noch zwei.

10. Zwei bunte Luftballons,
die fliegen bis zum Heiner.
Heiner macht 'nen Riesensprung, peng –
da war es nur noch einer.

11. Ein bunter Luftballon,
der fliegt bis nach Athen.
Dort feiern sie ein Riesenfest,
da sind es wieder zehn.

Spielanregung

Eine interessante Interpretation dieses Luftballonliedes besteht darin, kleine Trommeln aus Papprollen oder Blechdosen zu basteln, bei denen das eine Ende mit einem Stück Luftballon überzogen und von einem Gummi festgehalten wird.

Dann kann das Luftballonkonzert losgehen. Bei jedem „Peng“ wird die Gummihaut von allen Mitspielern mit zwei Fingern angezogen und wieder losgelassen. Es muss dabei ordentlich knallen. Beim Singen muss für dieses Geräusch genügend Zeit eingeplant werden.

Zehn Kinder können auch je einen Luftballon bekommen (am besten vorher schon aufblasen), den sie hüpfen lassen. Dann wird mit einer Trommel oder einem Becken in den Strophen jeweils ein Knall verursacht. Der Reihe nach verschwinden die Luftballons unter dem Pullover oder in einer Kiste.

Natürlich können ältere Kinder ihren Ballon auch einfach so zum Platzen bringen.

Hochland und Tiefland

Es gab einmal zwei Königreiche, die durch einen Fluss getrennt waren. Das eine hieß Hochland – das andere Tiefland. Das Besondere war, dass im Hochland alle Töne nur hoch klingen durften und auf der anderen Seite über der Landesgrenze nur tiefe Töne gefragt waren.

Das wollten die beiden Könige so. Sie konnten sich nicht ausstehen. König Georg von Hochland achtete peinlich darauf, dass alle Menschen in seinem Reich nur mit hoher Stimme sprachen. Alles, was Klang und Namen hatte, musste schrill und hell klingend ertönen. König Heinrich von Tiefland sprach nur mit einem tiefen Bass und wehe, ein hoher Ton verirrte sich in seine Nähe. Die Frauen in seinem Land hatten es besonders schwer. Sie mussten alle ihre Stimme verstellen und sich so tief es ging miteinander unterhalten.

Es war in Hochland strengsten verboten, Instrumente mit tiefen Tönen, wie Bassgitarre, große Pauke oder Tuba zu spielen. Im Grenzort am Fluss gab es scharfe Kontrollen. In Tiefland dagegen, auf der anderen Seite, stand es unter Strafe, zum Beispiel auf einer Triangel, einer Geige, einer Piccoloflöte oder gar einem Glockenspiel zu musizieren. Jeder der Könige lud seine Untertanen regelmäßig zum Konzert ein. Die besten Dirigenten und Komponisten wurden verpflichtet. Doch wehe, es erklangen ein paar falsche Töne. Sofort wurde der Künstler aus dem Land gewiesen. Das Volk hatte sich an die Vorlieben ihrer Könige gewöhnt. Nur manchmal wurde leise verbotenerweise der Radiosender vom Nachbarland gehört. Bei besonderen Anlässen ließen es die Könige sich nicht nehmen, ihre Orchester selbst zu dirigieren. Dann gaben Georg von Hochland und Heinrich von Tiefland den Takt an und am anderen Tag stand jeweils eine berauschende Besprechung in der Zeitung.

Eines Tags erschütterte ein Erdbeben die beiden Länder. Es gab einen fürchterlichen Krach. Da, wo der Fluss einmal friedlich floss, schoben sich die Erdplatten ineinander. Es gab von heute auf morgen keine Grenze mehr. Ein großes Durcheinander breitete sich aus. Zum Glück war fast niemand verletzt worden. Aus Freude darüber, dass nichts Schlimmes passiert war, fingen die Menschen aus Hoch- und Tiefland an gemeinsam Musik zu machen, die Tonleiter rauf und runter.

Die beiden Könige schäumten vor Wut. „Was ist das für ein Tonsalat“, tobte Georg von Hochland. „Hast du da noch Töne“, schrie Heinrich von Tiefland. „Das ist das Allerhöchste! Was kommen da für grauenhafte Klänge an meine Ohren.“

Doch niemand hörte auf sie. Die Untertanen fühlten sich nicht mehr ihren Königen verpflichtet. Hochländer und Tiefländer machten gemeinsam Musik. Wie schön waren die reichhaltigen und die vielen verschiedenen Klänge. Die hohen und tiefen Töne passten alle hervorragend zusammen. Die Leute spielten und spielten und es klang immer besser und wenn sie nicht gestorben sind, dann musizieren sie noch heute.

Spielanregung

Folgende Verabredung gilt: Immer wenn die Begriffe „hoch“ und „tief“ in der Geschichte auftauchen, erklingen die hohen, hellen Instrumente oder aber die mit den tiefen, dunklen Tönen. Vorher muss sich die Gruppe darauf einigen, was eigentlich hohe und was tiefe Töne sind. Zur Hilfestellung können die Klänge auch in hell und dunkel unterschieden werden. Beim Vorlesen werden die entsprechenden Wörter musikalisch illustriert. Oder es werden zwei Instrumentengruppen ausgewählt – z. B. Triangeln für „hoch“ und Trommeln für „tief“–, die dann jeweils zum Klingen kommen.

Das Stück kann auch von den Kindern gestisch dargestellt werden. Eine Schnur ist die Grenze, die beide Länder voneinander trennt. Für kleine Kinder sollte die Geschichte vereinfacht und textlich reduziert werden, z. B. liest der Spielleiter nur den ersten, vierten und die letzten beiden Absätze vor.

Variante: Die Begriffe „Hochland“ und „Tiefland“ werden beim Vorlesen weggelassen und statt dessen – nach Verabredung – durch entsprechende Instrumente ersetzt.

Der Honiggeist

Ihr wisst doch, dass Bären gerne Honig schlecken. Das Bärenkind Taps hatte beim Bauern einen großen Honigtopf entdeckt, aus dem es schon am Tag zuvor tüchtig genascht hatte. Gerade war Taps wieder hingeschlichen und hob die Pfote, um ordentlich in den Topf zu langen, da erschrak er, denn eine leise Stimme rief: „Schleckermaul, Schleckermaul!“ Das Bärenkind sah sich um, entdeckte aber niemand. Ganz unheimlich wurde es ihm, und schnell trottete es in seine Höhle.
Da summte es um seine Nase. Es war Brumm, das Hummelkind. „Guten Tag Taps, hast du schon den guten Honig beim Bauern probiert?“ Taps sagte: „Gut schmeckt der Honig, geh nur hin.“ „Den will ich gerne versuchen“, sagte Brumm und flog davon. Gerade als Brumm sich auf dem Honigtopf niederlassen wollte, da erschrak sie ebenfalls, denn eine leise Stimme rief: „Schleckermaul, Schleckermaul!“ Brumm guckte sich um, sah aber niemand. Ganz unheimlich wurde es ihr und schnell surrte Brumm davon. An der Weide begegnete ihr Marco, der Affenjunge. Marco sagte: „Tag Brumm, willst du nicht mit mir zum Honigtopf des Bauern kommen, da gibt es was zu schlecken!“ „Hm“, meinte Brumm und dachte: „Sei bloß still mit dem Honig!“ Das Hummelkind sagte aber: „Gut schmeckt der Honig, geh nur hin.“ „Das werde ich auch probieren!“, rief Marco beim Davonhüpfen. Gerade als er den Zeigefinger hob, um ihn in den Topf zu tauchen, da erschrak er, denn eine leise Stimme rief: „Schleckermaul, Schleckermaul!“ Marco schaute sich um, sah aber niemand. Ganz unheimlich wurde es ihm und schnell lief er weg. Pfeifend kam ihm Hans entgegen und meinte: „Marco, du könntest mit mir gehen. Ich weiß einen Topf voll mit süßem Honig!“ „Hm“, brummte Marco und dachte: „Sei bloß still mit dem Honig!“ Er sagte aber: „Gut schmeckt er, geh nur hin.“ „Wiedersehen“, sagte Hans und sprang pfeifend davon. Gerade zog er einen Löffel aus der Tasche, um eine ordentliche Portion zu probieren, da erschrak Hans, denn eine leise Stimme rief: „Schleckermaul, Schleckermaul!“ Hans schaute sich um, sah aber niemand. Ganz unheimlich wurde es ihm und schnell machte er sich auf den Heimweg.

Am Rand der Wiese saßen Taps, Brumm und Marco. Sie hatten schon auf Hans gewartet. „Na, was macht Schleckermaul“, fragten sie listig. „Habt ihr es auch gehört? Es war doch nichts und niemand zu sehen!“ „Ich weiß etwas. Wir wollen uns auf die Lauer legen“, meinte Hans. „Das tun wir“, rief Marco. „Dem Kerl kommen wir schon auf die Spur“, knurrte Taps. „Komm, wir machen uns gleich auf den Weg“, drängte Brumm. Hans schlug vor: „Brumm, du setzt dich auf den Baum und schaust, ob du in der Luft etwas siehst. Marco, du versteckst dich hinter dem Holzhaufen und passt gut auf. Taps, du gehst langsam zum Honigtopf und tust, als wolltest du etwas schlecken. Und ich seh nach, ob sich in der Scheune jemand versteckt hat.“ So taten sie es. Gerade als Taps seine Pfote hob, da ... Hans rannte los. „Haben wir dich endlich“. Brumm, Taps und Marco schauten hinauf, wo Hans hinzeigte. Da saß das Spatzenkind Pieps. Das konnte gar nicht aufhören vor Vergnügen zu zwitschern und lachte alle aus. „Du wolltest uns wohl Angst machen?“, fragte Marco. „Gönnst du uns den Honig nicht?“, fragte Taps und Brumm meinte: „Ich habe dich gleich vom Baum aus entdeckt!“. Doch Hans hatte eine Idee. „Pieps, du hast uns ganz schön geneckt, jetzt musst du uns aber immer Bescheid piepsen, wenn jemand kommt.“ „Gut“, flötete Pieps. Da hatten die Vier schon den Geschmack des Honigs im Mund, und sie mussten alle schlucken und dachten dabei: „Das wird ein Festessen.“

Spielanregung

In dieser etwas längeren Geschichte kommen fünf Akteure vor:

- das Bärenkind Taps
- das Hummelkind Brumm
- das Affenkind Marco
- das Spatzenkind Pieps
- das Menschenkind Hans

Die musikalische Darstellung der Geschichte ist für fünf Instrumente(ngruppen) gedacht. Jedes Kind hat ein Instrument. Nun ordnen wir zu: Ein Kind lässt sein Instrument klingen, wenn es den Namen Taps hört. Das andere Kind mit einem anderen Instrument lässt es klingen, wenn Brumm an der Reihe ist. Ebenso kommen Marco, Pieps und Hans zum Einsatz. Sobald die Zuordnungen entschieden sind, wird die Geschichte vorgelesen und musikalisch in Szene gesetzt.

Variante: Bei älteren Kindern kann die Spielregel noch zusätzlich unterscheiden zwischen dem Nennen des Namens und der wörtlichen Rede, wenn Taps, Brumm, Marco, Pieps oder Hans etwas sagen. Für diese Spielgestaltung werden dann zehn verschiedene Instrumente gebraucht. Beim Erzählen mit dieser schwierigen musikalischen Begleitung ist es wichtig, durch Anschauen der Kinder, Betonen und Dehnen der Worte genügend Spielraum für die Vorbereitungszeit des erwarteten Klanges zu geben. Am besten wird zunächst der Text durchgesprochen und genau festgelegt, wann jedes Instrument zum Einsatz kommt. Zu jeder Person gibt es also zwei Zuordnungen: zum einen, wenn der Name nur genannt wird, zum andern wenn die Figur etwas äußert. Solange der Darsteller, der an der Reihe ist, seinen Text sagt, kann das entsprechende Instrument „mitspielen".

Für kleinere Kinder sollte die Geschichte verkürzt und sprachlich reduziert werden, indem z. B. die Figuren auf drei Mitwirkende beschränkt werden.

Spielideen mit einfachen Instrumenten

Im Klanggarten

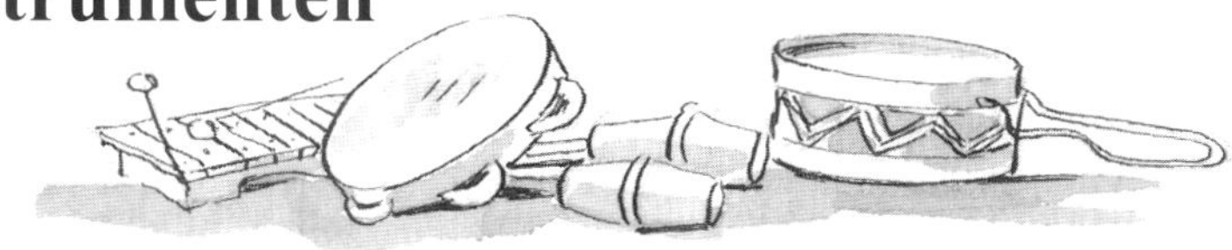

Musikinstrumente haben für Kinder etwas Faszinierendes, insbesondere wenn sie zum ersten Mal die Klänge ausprobieren. Jedes Kind sucht sich am Anfang ein Instrument aus und versucht dann, ihm Töne zu entlocken. Da geht es meist sehr turbulent zu und alles spielt wild durcheinander. Am besten wird gleich verabredet, wann Ruhe sein soll. Wichtig beim Spielen mit Instrumenten ist, ein Gefühl für Klang und Lautstärke zu entwickeln. Dann schlägt der Erwachsene vor, etwas mit allen gemeinsam auszuprobieren. Für dieses Zusammenspiel können einfache musikalische Absprachen getroffen werden.

Einfaches Zusammenspiel

Alle sitzen im Kreis. Jedes Kind bekommt ein Instrument. Dann können Verabredungen getroffen werden. Während das musikalische Spiel läuft, sollte nicht geredet werden.

1. Laut und leise
Alle fangen ganz leise an und werden immer lauter, bis es nicht mehr lauter geht. Nach dem Höhepunkt werden alle wieder leise, bis es wieder ganz still ist.

2. Immer zwei spielen zusammen
Ein Kind im Kreis fängt an. Dann kommt der Nachbar hinzu und beide spielen eine Weile zusammen. Wenn das erste Kind aufhört, kommt ein drittes Instrument hinzu. Es machen also immer zwei gleichzeitig Musik (es kann auch verabredet werden, drei oder mehr Mitwirkende spielen zu lassen).
Es gibt noch eine andere Möglichkeit zu bestimmen, wie es in der Runde weitergeht: Der nächste in der Runde setzt den neuen Impuls. Gleichzeitig hört dann der erste Spieler auf.

3. Solo und Echo
Ein Gruppenmitglied macht etwas vor (Solo) und die gesamte Gruppe „antwortet" in ähnlicher Weise, sozusagen als Echo. Der Erwachsene beginnt. Dann folgen die Kinder in der Gruppe. Jedes spielt mit seinem Instrument, z. B. Rassel oder Trommel, einen kurzen, eigenen Rhythmus vor. Die musikalische Einheit sollte nur wenige Sekunden lang sein, damit sich alle das Motiv merken können. Dann wiederholen alle mit ihren instrumentalen Möglichkeiten die musikalische Vorgabe.

4. Dirigent & Orchester
Dies ist eine Absprache für ältere Kinder. Ein Dirigent wird bestimmt, der auf verschiedene Gruppen oder auf einen Instrumentalisten deutet und die gesamte Gruppe zu einer „Komposition" anleitet. Der ganze Ablauf kann vorher besprochen werden, z. B. dass bestimmte Handbewegungen das musikalische Spiel der andern bestimmen: lang und kurz klingende Instrumente, leiser und lauter werdende Abschnitte, ruhige Momente usw.

5. Mit Stabpuppe
Mit Hilfe einer Stabpuppe kann ein Dirigent die Lautstärke bestimmen, mit der die ganze Gruppe spielt. Ist die Puppe ganz oben, sollen alle Instrumente sehr laut gespielt werden, ist sie ganz unten, sollte es mucksmäuschenstill sein. Vereinfacht kann die Lautstärke auch mit den bloßen Händen bestimmt werden.

6. Stuhlmusik
Es spielen immer nur diejenigen, die vor oder auf ihrem Stuhl stehen, z. B. immer jeder zweite im Kreis. Mit der Stellung zum Stuhl ist also eine bestimmte Regel verbunden. Praktisch könnte das so ablaufen: Wir zählen zu zweit ab. Alle haben also eine „eins" oder eine „zwei". Der Gruppenleiter oder ein Kind bestimmt dann mit dem Nennen einer der beiden Zahlen, wer aufstehen soll und sein Instrument spielen darf oder sitzen bleiben und zuhören muss. Es spielt also immer nur die Hälfte der Gruppe. Anschließend werden drei oder mehr Gruppen gebildet, die entsprechend ihr Instrument auf oder vor ihrem Stuhl spielen.

Variante: Ein oder mehrere Stühle werden bestimmt. Wer auf diesen besonderen Stühlen sitzt oder auf ihnen steht, darf den Ton angeben. Das Spiel kann der Reihe nach erfolgen oder es wird auf freiwilliger Basis spontan durchgeführt.

7. Duett in der Mitte
Zwei Kinder finden sich mit Blickkontakt in der Mitte zu einem Duett zusammen. Dann spielen sie eine Weile, bis sie sich wieder auf ihre Plätze setzen und zwei neue Partner an die Reihe kommen.

Variante 1: Ein Kind sucht sich das andere aus. Sie spielen gemeinsam, bis sich das zweite Kind einen neuen Partner sucht.

Variante 2: Zwei Kinder gehen mit ihren Instrumenten aufeinander zu, z. B. auf der Diagonalen des Raumes. Sie schauen sich dabei an. Aufgabe ist es – ohne dass gesprochen wird – einen Ton zum selben Zeitpunkt auf ihren jeweiligen Instrumenten zusammen zu produzieren. Das ist gar nicht so einfach. Einfach mal probieren!

8. Ein Rhythmus geht um
Jedes Kind versucht einen vorgegebenen Rhythmus, den am besten der Gruppenleiter vorgibt, mit seinem Instrument genau zu imitieren, z. B. einen bestimmten Trommelschlag. Die Runde geht dann der Reihe nach herum. Wie bei der „stillen Post“ kann am Schluss etwas ganz anderes herauskommen. Dann können die Kinder sich ein eigenes rhythmisches Motiv ausdenken, das die andern versuchen nachzuahmen.

Variante: Für Kinder im Grundschulalter kann der Schwierigkeitsgrad der aufgestellten Regel erhöht werden. Z. B. wird zunächst der Rhythmus des vorher spielenden Kindes aufgegriffen, aber nach einiger Zeit ein neues Motiv ausgedacht, das wiederum der Nachbar übernimmt. Undsoweiter.

Eine kleine Mickeymaus

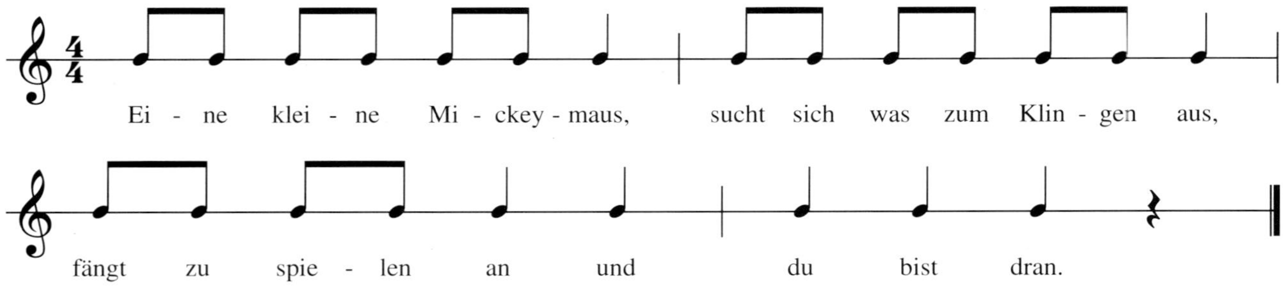

Eine kleine **Mick**eymaus
sucht sich was zum **Kling**en aus,
fängt zu spielen **an**
und **du** bist **dran**.

Spielanregung

Jedes Kind sucht sich ein Instrument aus. Die Spielleitung beginnt in der Kreismitte den Spruch mit der kleinen Mickeymaus aufzusagen und dabei im Kreis abzuzählen. Am Ende spielt das Kind, das dann dran ist, ein kleines Solo. Alle anderen Instrumente schweigen in dieser Zeit. Das „Solokind“ kommt bei seinem Einsatz in die Mitte und das Spiel beginnt von vorne, indem es nach dem Vers in der Runde abzählt, wer nun dran ist.

Variante: Alle sprechen zusammen den Vers mit und spielen dabei auf ihren Instrumenten. In der Mitte ist jemand für das Abzählen zuständig. Kommt das Solo, ist nur dieses Kind an der Reihe und spielt, so lange es ihm beliebt.

Waldkonzert

6 Wolfgang Hering

1. Im Wald, da wird Musik gemacht,
es trommelt, scheppert und es kracht.
Jedes Tier, das kommt mal dran,
fängt mit seinem Solo an.

2. Im Wald, da wird Musik gemacht,
es trommelt, scheppert und es kracht.
Die Maus, die klimpert, was sie kann,
fängt mit ihrem Solo an.

3. Im Wald, da wird Musik gemacht,
es trommelt, scheppert und es kracht.
Ein Elefant tönt, was er kann,
fängt mit seinem Solo an.

4. Im Wald, da wird Musik gemacht,
es trommelt, scheppert und es kracht.
Die Schlange raschelt, was sie kann,
fängt mit ihrem Solo an.

5. Im Wald, da wird Musik gemacht,
es trommelt, scheppert und es kracht.
So geht das dort in einem fort
bis zum großen Schlussakkord.

Spielanregung

1. Jedes Kind hat ein Instrument und spielt mit, während die erste Strophe des Liedes gesungen wird. Dann beginnt ein Kind mit seinem Solo. Beim nächsten Durchgang setzt sich die Reihe im Kreis fort und das entsprechende Kind gestaltet sein „Solo“. Wenn es fertig ist, wird das Lied erneut gesungen und alle spielen wieder „tutti“ mit.

2. Die anderen Strophen werden hinzugenommen – zunächst mit den vorgeschlagenen Tieren – und dann denken sich die Kinder neue Tiere mit typischen Rhythmen und Klangfarben aus. Alle einigen sich auf einen gemeinsamen „Schlussakkord“.

3. Der Text wird variiert:

„Im Wald, da wird Musik gemacht,
es trommelt, scheppert und es kracht.
Zwei (drei, vier etc.) Tiere, die kommen dran,
fangen mit dem Solo an.“

Beim Zusammenspiel mehrerer „Waldtiere“ spielen also immer so viele Kinder, wie in der Strophe benannt werden, als Duo, Trio etc.

Im Klanggarten

1. Alle Kinder verteilen sich mit ihren Instrumenten im Raum. Sie sind die musikalischen Pflanzen und Bäume im Klanggarten. Ein Kind mit geschlossenen oder verbundenen Augen wird sozusagen musikalisch, durch den Klanggarten geführt, indem es auf die Töne hört.

2. Ein zweites Kind oder ein Erwachsener führt ein Kind, das die Augen geschlossen hat, mit einer besonderen Tonfolge (Stimme oder Instrument) durch den Klanggarten.

3. Die vier Musikrichtungen
Jeder Richtung wird ein Instrument zugeordnet, z. B. eine Trommel entspricht dem Vorwärtslaufen, Triangel rückwärts, Rassel rechts und Zimbal links. Ein Kind hat die Augen verbunden oder schließt sie selbständig und wird musikalisch durch den Raum geführt. Das Spielen der Instrumente übernimmt zunächst der Erwachsene. Dann versuchen es die Kinder. Mein Vorschlag: Zunächst mit zwei Richtungen und zwei Klängen anfangen. Die beiden Spieler können sich zusätzlich mitbewegen und dadurch die jeweilige Richtung angeben. Soll das Kind mit den verschlossenen Augen vorwärtsgehen, dann ertönt von dieser Richtung der entsprechende Klang. Schließlich werden in einem zweiten Schritt alle vier Seiten des Raumes mit Klängen besetzt.

Solo oder Duo

Zwei Musikanten werden bestimmt. Der Rest der Gruppe verteilt sich im Raum. Je nachdem, ob dann gerade ein oder beide Instrumente gleichzeitig gespielt werden, gehen die Kinder alleine oder Hand in Hand paarweise durch den Raum. Zusätzlich kann durch die Art und Weise, wie die Instrumente gespielt werden, das Tempo der Gangarten festgelegt werden.

Das Duo kann auch zum Trio (= drei Instrumente) erweitert werden, was den Schwierigkeitsgrad erheblich steigert.

Gegenstand erraten

Alle Kinder sitzen mit einem Instrument in der Runde. Ein Kind wird vor die Tür geschickt. Alle einigen sich auf einen Gegenstand im Raum, der erraten werden muss.

Nun wird verabredet, wie das hereingerufene Kind zum Gegenstand geführt wird. Eine mögliche Regel könnte lauten: Je lauter alle spielen, um so näher befindet sich das Kind in der Reichweite des zu erratenden Objektes. Zusätzlich können die Augen verbunden werden, um die Konzentration auf das Hören zu erhöhen.

Die Löffeldeckeltopfmusik

7

mündl. überliefert

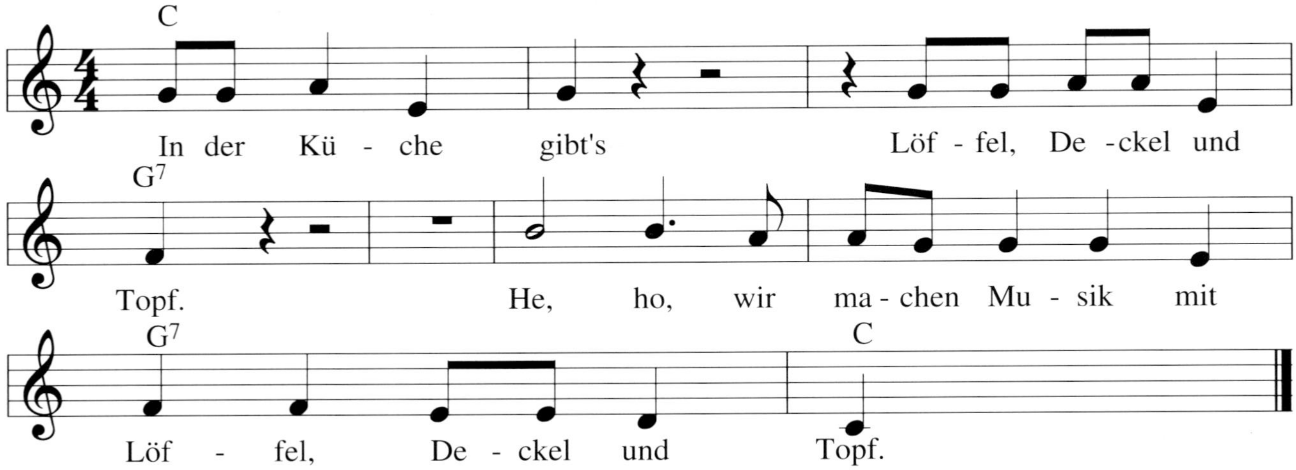

1. In der Küche gibt's
Löffel, Deckel und Topf.
He, ho, wir machen Musik
mit Löffel, Deckel und Topf.

Refrain:
Badubdadubda ...
He, ho, wer macht mit
bei der Löffeldeckeltopfmusik?

2. Meine Töpfe klingen so: (...)
so klingt der Deckel dazu: (...)
He, ho, wir machen Musik
mit Löffel, Deckel und Topf.

3. Mit den Löffeln klappern wir: (...)
Und die Deckel klappern mit: (...)
He, ho, wir machen Musik
mit Löffel, Deckel und Topf.

Spielanregung

In diesem Stück ist Küchenmusik angesagt. Zum Einsatz kommen Töpfe, Deckel, Löffel und was sonst noch an Haushaltsgeräten zu finden ist. Jeder schnappt sich seinen Klangkörper. Dann kann es losgehen: Am Anfang erst mal mit A-Cappella-Gesang: „In der Küche gibt's". In der musikalischen Pause, die dann entsteht, spielen alle ihre Instrumente zweimal hintereinander. Das kann vorher zunächst einmal rhythmisch mit einem Klatschen ausprobiert werden. Das Gleiche passiert dann in der zweiten Zeile. In der zweiten Strophe werden die ersten beiden Zeilen mit Nonsens-Silben gesungen: Badubdadubda. In den folgenden Strophen kommen dann nur die jeweiligen „Instrumente" einzeln zum Einsatz: Löffel, Deckel, Töpfe, Gläser, etc.
Alle spielen also in den Pausen zweimal ihr Instrument. Bei „He, ho" steigt das gesamte Küchenorchester ein und alle singen kräftig mit. Die Pause kann auch entsprechend einem vorgelegten Solo verlängert werden.

Weitere „musikalische" Küchengeräte kommen zum Einsatz. Dazu müssen neue Strophen erfunden werden.

Familie Klang

Heute ist ein großes Fest
bei Familie Klang.
Da kommen schon die Gäste
auf dem Weg entlang.
Geht dort nicht Herr Trommelmann
mit dem großen Schritt,
zieht die Rasselbande
hinter sich gleich mit.

Auch der Herr von Klapperstein
steht da vor der Tür.
Mit der Frau von Xylophon
ist er heute hier.
Alles geht jetzt Schlag auf Schlag:
Tante Schellenkranz
mit den Becken-Brüdern
kommt mit Eleganz.

Doktor Holz trifft auch noch ein.
Er stürzt sich ins Gewühl
mit Familie Knatter
und Freundin Glockenspiel.
Tochter Klingkling taucht sodann
kurz darauf noch auf,
und mit viel Getöse nimmt
das Fest dann seinen Lauf.

Spielanregung

Das Gedicht wird zunächst langsam vorgelesen und danach besprochen, welche Instrumente vorkommen. Natürlich hängt die Interpretation vom vorhandenen Instrumentarium ab. Dann werden die Klangwerkzeuge verteilt um das Gedicht zu vertonen. Vielleicht können auch die Festbesucher im Anschluss an das musikalische Spiel gemalt werden.

Wer sitzt in der Küche mit Tina?

8

Text: Wolfgang Hering
Musik: trad

Wer sitzt in der Küche mit Tina?
Wer sitzt in der Küche mit Tina?
Wer sitzt in der Küche mit Tina
und spielt auf einem Instrument?

Das ist die (Name einsetzen), die spielt da.
und spielt mit Tina (oder anderer Name) wunderbar.

Spielanregung

Jedes Kind hat ein tragbares Instrument. Die Gruppenleiterin ist am Anfang in unserem Fall Tina. Das Lied wird mit Strophe und Refrain erst einmal gesungen, damit Text und Melodie klar werden. Die Gruppenleiterin ist ebenfalls mit einem Klangwerkzeug ausgestattet. Sie geht dann in die Mitte. Für Tina wird der Name der Gruppenleiterin eingesetzt. Den Refrain „Wer sitzt in der Küche ..." singen alle gemeinsam. Entweder der Reihe nach oder spontan kommt ein Kind in die Gruppenmitte zu Tina und beide spielen ihre Instrumente in dieser Strophe zusammen. Dementsprechend wird der Name des Kindes in den Strophentext eingebaut. Wer möchte, darf dann noch ein eigenes Solo hinlegen.

Es gibt verschiedene Varianten für den weiteren Spielverlauf:

1. Variante: „Tina“ bestimmt, wer als nächstes in die Mitte kommt.

2. Variante: Das Kind übernimmt nach dem Solo die Rolle von „Tina“ und bestimmt einen neuen Mitspieler für die Mitte.

3. Variante: Es kommt wie im Schneeballsystem immer ein Kind hinzu, bis alle in der Mitte ihre Musik gemeinsam spielen.

Die Rasselbande

9

Wolfgang Hering

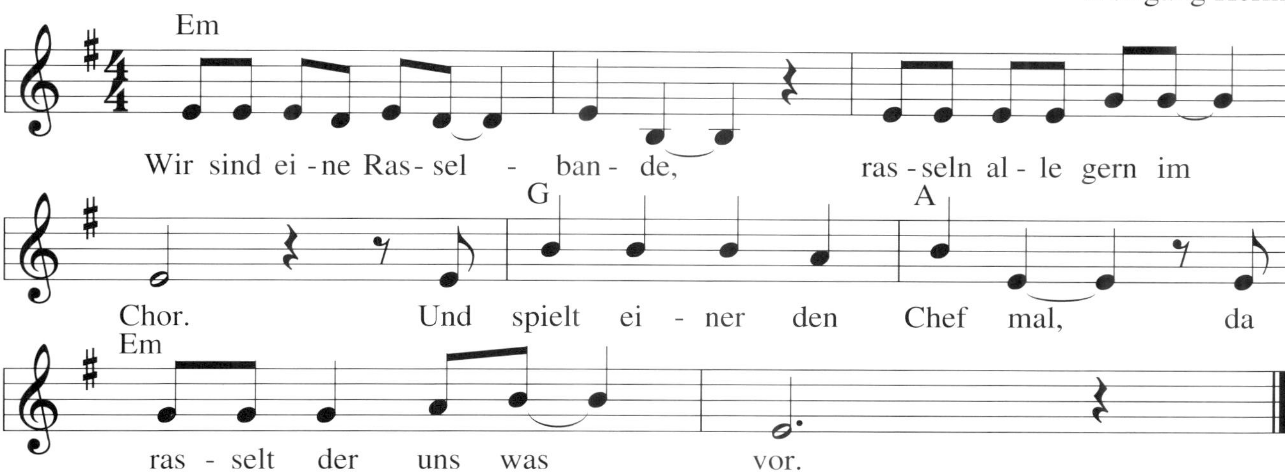

1. Wir sind eine Rasselbande,
rasseln alle gern im Chor.
Und spielt einer den Chef mal,
da rasselt der uns was vor (...).

2. Wir sind eine Rasselbande,
fangen erst ganz langsam an,
rasseln schnell und schneller,
dass man kaum folgen kann.

3. Wir sind eine Rasselbande,
wo ein jeder sich was traut.
Jetzt sind nur die Mädchen
einmal so richtig laut.

4. Wir sind eine Rasselbande,
die Jungs, die sind jetzt dran.
Sie rasseln besonders leise
und werden wieder lauter dann.

5. Wir sind eine Rasselbande
und rasseln alle nach und nach.
Jeder kommt an die Reihe
und rasselt, so wie er mag.

6. Wir sind eine Rasselbande,
wo ihr mal horchen müsst.
Wir spielen immer sanfter,
bis nichts mehr zu hören ist.

Spielanregung

Die Melodie basiert auf einer einzigen Harmonie. Es können also gut auch entsprechende Klangstäbe, Xylophone und Glockenspiele zusammen mit der „Rasselbande“ Musik machen. Mit Hilfe der Kinder wird der Song musikalisch interpretiert. Es können entsprechende Pausen eingeschoben werden, z. B. wenn nur die Mädchen, dann die Jungs und schließlich wieder alle gemeinsam dran sind. Natürlich macht es auch Spaß, neue Strophen zu erfinden.

Spielgeschichten aus der Märchenwelt

König Zwirbelbart

Bube, Dame, König, As

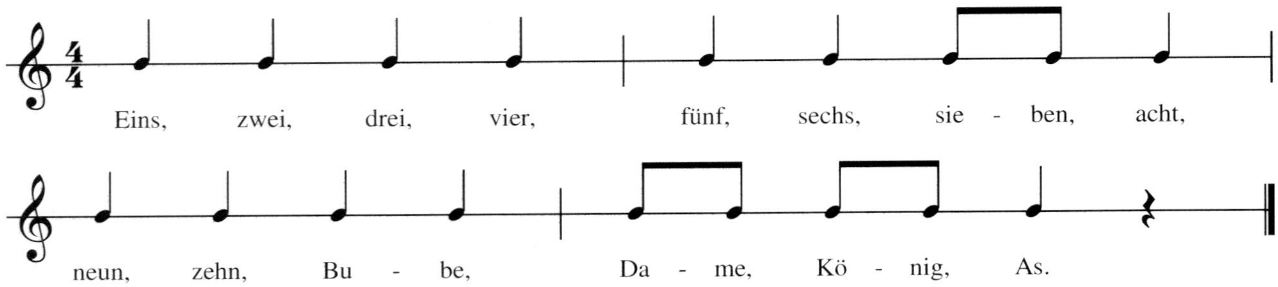

Eins, zwei, drei, vier,
fünf, sechs, sieben, **acht,**
neun, zehn, Bube, Dame, **Kö**nig, **As.**

Spielanregung

Zwei Partner stehen sich gegenüber. Der Text wird gesprochen. Im Rhythmus dazu klatschen alle vier Hände gemeinsam zusammen.
Ich habe unterschiedliche Variationen von Kindern gelernt. Hier die drei, die mir am besten gefallen:

1. Variante: Jeweils die linke Hand wird vor der Brust in der Luft gehalten. Die rechten Hände werden dazwischen gehalten und nun klatschen alle vier Hände in dem entstandenen Zwischenraum im Rhythmus des Sprechtextes zusammen.

2. Variante: Nur die beiden rechten Hände klatschen in der Mitte zusammen. Die linke Hand wird von beiden Partnern außen gehalten.

3. Variante: Abwechselnd nach links und nach rechts klatschen, so dass sich immer nur zwei Hände berühren.

Wer den Text sagt, gibt den Ton an und ist dran. Die Kinder können das Tempo variieren und auch Pausen lassen. Bei „As“ muss der Partner seine rechte Hand wegziehen. Gelingt es dem Sprecher, die Hand abzuklatschen, so bekommt er einen Punkt. Das Spiel beginnt von neuem und dauert so lange, bis er die Hand verfehlt. Dann werden die Rollen getauscht und das Spiel beginnt erneut von der anderen Seite, indem der Text nun vom Partner gesprochen wird. Wer zuerst eine vorher vereinbarte Punktzahl hat, ist Sieger.

Variante: Wenn viele mitmachen, wird das Spiel im Ausscheidungsmodus mit mehreren Teams gleichzeitig durchgeführt (z. B. gewinnt derjenige mit drei Punkten): Aus sechzehn werden acht, dann vier usw.

König Zwirbelbart

Es war einmal ein König,	*Mit beiden Zeigefingern auf*
das war der König Zwirbelbart,	*jeder Seite am Kopf entlang*
der hatte drei Töchter.	*drehen und einen Bart andeuten*
Die erste Tochter, das war die Prinzessin „Hui“.	*Die Arme hochheben*
Die zweite Tochter, das war die Prinzessin „Bäääh“,	*Die Finger vor den Mund halten*
	und eine entsprechende Gebärde machen
und die dritte Tochter,	
das war die Prinzessin „Mmmmm“.	*Gestisch ein Küsschen geben*
Nun wollte der König Zwirbelbart,	
dass seine drei Töchter heiraten.	
Er schrieb Briefe an die Prinzen im ganzen Land.	*Hände wie beim Briefeschreiben bewegen*
Es kamen nun drei,	
um sich die Prinzessinnen anzuschauen.	
Allen Prinzen gefiel	
die Prinzessin „Mmmmm“	*Wieder ein Küsschen geben*
am besten, und sie wollten die Prinzessin	
„Mmmmm“ heiraten.	*Küsschen geben*
Aber der König Zwirbelbart sagte:	
„Nein, nein, nein.	*Mit dem Zeigefinger wackeln*

Erst muss die Prinzessin ‚Hui‘ heiraten,	*Entsprechende Gesten*
dann die Prinzessin ‚Bääähʻ	*für die Prinzessinnen wiederholen*
und zum Schluss erst die Prinzessin	
‚Mmmmm‘.“	*Küsschen geben*
Also reisten die drei Prinzen wieder ab.	
Aber ein Prinz hatte sich so in die Prinzessin	
„Mmmmm“ verliebt,	*Küsschen geben*
dass er sie unbedingt heiraten wollte.	
Also fragte er seine Bekannten,	
ob sie nicht die Prinzessin „Hui“ und die	*Arme hochheben*
Prinzessin „Bääähʻ“ haben wollten.	*Hand vor den Mund*
Aber keiner wollte eine	
der beiden heiraten.	
Trotzdem machte sich der verliebte Prinz	
eines Nachts auf den Weg, nahm sein Pferd	
aus dem Stall und ritt zu dem Königsschloss.	
Dort stieg er von seinem Pferd,	*Zügel in die Hand nehmen*
ging durch das Zimmer des Königs Zwirbelbart,	*Mit den Füßen trampeln*
ging durch das Zimmer der Prinzessin „Hui“,	*Arme hochheben*
ging durch das Zimmer der Prinzessin „Bääähʻ“,	*Hand vor den Mund*
und kam schließlich in das Zimmer	
der Prinzessin „Mmmmm“.	*Küsschen geben*
Dort lag sie in ihrem wunderschönen Bett.	
Er gab ihr einen Kuss, nahm sie auf seine Arme,	
trug sie durch das Zimmer der Prinzessin „Bääähʻ“,	*Hand vor den Mund*
trug sie durch das Zimmer der Prinzessin „Hui“	*Arme hochheben*
und trug sie durch das Zimmer von König Zwirbelbart.	
Dann ging er durch die Tür,	*Quietschendes Türgeräusch machen*
machte die Tür hinter sich zu	
und setzte die Prinzessin	
„Mmmmm“ auf sein Pferd,	*Küsschen geben*
schwang sich hinter sie und ritt davon.	*Unsichtbare Zügel halten*
Und wenn sie nicht gestorben sind,	*Auf und nieder wippen*
dann leben sie noch heute.	

Spielanregung

Der Spielleiter oder ein Kind liest die Geschichte vom König Zwirbelbart. Die einzelnen Phasen werden von allen oder einer kleinen Gruppe gespielt. Ganz eindeutig müssen die Darstellungen der drei Prinzessinnen sein. Bei „Hui“ können die Hände zur Verdeutlichung zu Hilfe genommen und über den Kopf gehalten werden. Die Prinzessin „Bääähʻ“ wird mit einer abfälligen Geste gekennzeichnet (dabei das Gesicht verziehen), und die Schönste von allen, „Mmmm“, wird mit einem Handkuss dargestellt. Bei der Geschichte kann man leicht ein größeres Publikum mit einbeziehen.

Das Zauberding

⊙ 10

Text: Ulrike Meyerholz
Musik: Wolfgang Hering

Refrain:
Ich habe hier ein Ding,
ein ganz besond'res Zauberding.

1. Ich muss nur zweimal blasen,
schon hab ich einen Hasen.

Zweimal durch die Hand blasen
Mit beiden Händen die Ohren eines Hasen darstellen

Refrain

2. Ich muss nur dreimal schrauben,
schon fliegen da zwei Tauben.
Und wink' ich wie im Traum,
wächst ein großer Baum.

Pantomimisch schrauben
Mit beiden Händen die Tauben fliegen lassen
Winken
Mit einem Arm einen wachsenden Baum darstellen

Refrain

3. Ich muss nur dreimal sprühen,
da fängt es an zu blühen.
Schnips ich da und hier,
schon öffnet sich die Tür
und mit zweimal klopfen,
fallen Regentropfen.

Pantomimisch sprühen
Mit Fingern Blüte aufsteigen lassen
usw.

Refrain

4. Ich muss nur einmal zappeln,
da fängt es an zu krabbeln.
Reib ich mein Taschentuch,
hab ich ein Zauberbuch.
Ich muss nur dreimal kratzen,
dann kommt ein Tier mit Tatzen
und klatsch ich zweimal fest,
find ich ein Vogelnest.

Refrain

5. Ich nick in einer Tour,
da hab ich eine Schnur.
Jetzt kommt noch der Applaus,
das Zauberspiel ist aus.

Spielanregung

Der Refrain „Ich habe hier ein Ding ..." kann beliebig oft gesungen werden. In unserer Version kommen immer mehr Strophen, bevor sich wieder der Kehrreim anschließt. Die Strophen werden mit jeweils zwei Darstellungen in Bewegungen umgesetzt. Man kann sich bei der Aufführung nur auf die Hände beschränken oder andere Körper-Klanggesten hinzunehmen. Wer möchte, kann in einer Ideenwerkstatt eigene Zweizeiler erfinden. Einzige Bedingung: Der Text sollte sich am Ende reimen und in irgendeiner Form darstellbar sein.

Samba, der Jäger

Samba, der Jäger, liegt in seiner Hütte	*Schlafgeräusche nachahmen: chr ... chr ... chr ...*
und schnarcht. Er erwacht, streckt sich,	*Brummeln*
holt sich ein Fernglas,	*Durch ein imaginäres Fernglas schauen*
geht zur Tür und öffnet sie.	*Tür knarrt (mit dem Mund imitieren)*
Er geht die Straße entlang,	*Mit flachen Händen auf die Handballen klatschen*
kommt über eine Brücke,	*Auf die Brust klopfen*
geht auf einen Feldweg	*Mit hohlen Händen klatschen*
und streicht durch das Savannengras.	*Hände gegeneinanderreiben*
Er sieht in der Ferne eine Oase.	*Hand über die Augen legen und suchend um sich schauen*
Er hat Durst. Die Sonne brennt.	*Schweiß von der Stirn wischen*
Er kommt zur Oase, legt sich auf den Bauch und schlürft Wasser, wird müde	*Schlürfendes Geräusch machen und gähnen*
und legt sich unter einen Affenbrotbaum und schläft ein.	*chr ... chr ... chr ...*
Simba, der Löwe, liegt in der Nähe,	

reckt sich. Er riecht	*Arme strecken sich, Wohlbehagen ausdrücken*
Menschenfleisch	*Schnuppern*
und schleicht sich an Samba heran.	*Über die Schenkel streichen*
Samba schläft.	*chr ... chr ... chr ...*
Simba kommt näher und näher.	
Samba erwacht, erschrickt und	*Erschrecken*
läuft davon.	*Hände gegeneinanderreiben*
Samba rennt zurück, der Löwe dicht	
hinter ihm.	*Geräusche wie zuvor, nur in umgekehrter Reihenfolge.*
Samba erreicht seine Hütte,	
reißt die Tür auf,	
schlägt sie mit einem Knall zu,	*Einmal fest klatschen*
springt unters Bett und zittert.	*Zähne klappern.*
Nach einiger Zeit schleicht er zur Tür,	
öffnet sie,	*Knarren einer Tür imitieren*
und da liegt Simba	
mit einer riesigen Beule am Kopf.	
Er hat sich den Kopf an der Tür gestoßen,	
als Samba sie zugeknallt hat.	
Langsam trottet Simba, der Löwe,	*Mit den Händen über die Oberschenkel schleifen*
zu seiner Oase zurück.	

Spielanregung

Elemente der Löwenjagd tauchen hier auf, insbesondere die Gangarten, die dann auch noch variiert werden können. Am besten ist es, erst die Geschichte kurz zu erläutern und dann die Geräusche gleich von den Kindern mitmachen zu lassen. Insbesondere mit den Händen werden verschiedene Laufarten imitiert: mit dem Handballen klopfen, mit der hohlen Hand klatschen, über den Oberschenkel streichen. Mit Verkleidungen kann die Geschichte auch als Theaterspiel, mit Simba und Samba in den Hauptrollen, gestaltet werden.

Variante: Ein Spiel für zwei Gruppen
Die Kinder werden aufgeteilt. Eine Gruppe stellt die Aktionen von Samba, die andere die von Simba dar. Am besten gibt ein „Vorturner“ die jeweiligen Bewegungen an. In einem zweiten Durchgang wird die Geschwindigkeit gesteigert.

Drei Delphine und ein Haifisch

Drei Delphine leben im blauen Meer, mitten in der großen Bucht. Der Himmel strahlt, wie fast immer im Jahr, im allerschönsten Blau. Im Meer gibt es viele Unterwasserpflanzen, die sich hin- und herbewegen. Die Fische schwimmen friedlich kreuz und quer herum. Die drei Delphine heißen Dolli, Jenni und Fred. Wenn sie sich miteinander unterhalten, dann piepsen sie ganz hoch: erst Dolli, dann Jenni und schließlich Fred. Alle können sehr gut springen. Wenn die drei Delphine besonders übermütig sind, schwimmen sie alle runter zum Meeresboden, sammeln ihre ganze Kraft und steigen, so schnell sie können, zur Wasseroberfläche auf. Dann rufen alle Meerestiere: „1, 2, 3, plop". Die Delphine tauchen aus dem Wasser auf. Dann schweben sie einen Moment in der Luft, bis sie wieder „platsch" ins tiefe Wasser stürzen. Jeder, der zuschaut, spendet dafür gerne Applaus. Manchmal springen sie hintereinander und jeder der kleinen Delphine versucht, so hoch es geht zu kommen: erst Dolli 1, 2, 3 plop, platsch, dann Jenni 1, 2, 3 plop, platsch und schließlich Fred 1, 2, 3 plop und ein besonders lauter Platscher. Otto Oktopus, der alte Tintenfisch mit seinen acht Armen, muss immer erst zählen, ob sie auch alle da sind: 1, 2, 3, 4, 5, 6, 7, 8. Er entscheidet, wer am schönsten gesprungen ist. Mal ist es Dolli, mal Jenni, mal Fred.
Eines Tages – es hängen ganz ungewohnt ein paar graue Wolken über der Bucht – bekommen die Delphine und Otto unangenehmen Besuch. Ein Haifisch hat sich in die Bucht verirrt. Alle Fische und Unterwasserpflanzen sind verschreckt und machen schnelle, hektische Bewegungen. Dolli, Jenni und Fred verstecken sich ganz schnell hinter einem Unterwasserfelsen. Auch Otto Oktopus hat sich in die hintersten Spalten verkrochen. Er versteckt seine Arme nacheinander in den wild wuchernden Pflanzen: 1, 2, 3, 4, 5, 6, 7, 8 – jetzt sind sie alle verschwunden. Dolli, Jenni und Fred geben keinen Mucks von sich. Der große Haifisch schwimmt nämlich gefährlich nah an ihnen vorbei. Und – oh Schreck – er kommt direkt auf sie zu. Fred hat sich an einem Felsen die Haut aufgeritzt. So etwas kann der Haifisch gut riechen.
Da, das Ungeheuer hat sie entdeckt! Haifische mögen zwar keine Tintenfische, aber so ein kleiner Delphin ist nicht zu verachten – und drei auf einmal, das wäre ein richtiger Festtagsschmaus. Dolli, Jenni und Fred sausen davon, so schnell sie schwimmen können. Der Haifisch mit großen Flossenschlägen hinterher. Die drei Delphine schwimmen so hastig, wie sie noch nie in ihrem Delphinleben geschwommen sind. Fred hat eine Idee. Er schlägt die Richtung zum großen Korallenriff ein. Dort stoßen die vielen spitzen Steine bis an die Wasseroberfläche. Der Haifisch hat die drei Delphine fast erreicht, als Fred kurz vor dem Korallenriff ruft: „Achtung!" Er springt als erster 1, 2, 3 plop, platsch, dann Jenni 1, 2, 3 plop, platsch und schließlich auch Dolli 1, 2, 3 plop, platsch – alle drei tauchen sie mit einem Riesensatz aus dem Wasser und hinter dem Korallenriff auf der anderen Seite wieder ins Meer. Der Haifisch hat in seiner Verfolgungswut nicht aufgepasst, und „wumms" prallt er mit seinem breiten Maul gegen das Riff, so dass ein paar von seinen scharfen Zähnen abbrechen und ihm aus dem Maul auf den Meeresgrund fallen. Na, sowas Dummes.

Otto Oktopus hat alles beobachtet und kann sich jetzt das Lachen nicht verkneifen. Vor Freude klopft er sich nacheinander mit den Spitzen seiner acht Arme auf den Kopf. 1, 2, 3, 4, 5, 6, 7, 8. Der Haifisch schwimmt benommen von dannen. In der blauen Bucht hat er sich eine blaue Nase geholt. Als er nicht mehr zu sehen ist, springen die drei Delphine vor Freude nochmals alle aus dem Wasser, 1, 2, 3 plop, platsch. Die Sonne sinkt orangerot hinten am Horizont ins Meer, und die drei Delphine haben diese Nacht viel zum Träumen.

Spielanregung

Die etwas längere Geschichte von den drei Delphinen und dem Haifisch wird von einem Erwachsenen vorgelesen. Vorher muss festgelegt werden, wie das Hochspringen der Delphine vonstatten gehen soll. Es gibt verschiedene Möglichkeiten, das Springen zu imitieren:
1. Im Sitzen: Alle nehmen eine Hand, die beim „plop" auf der einen Seite hoch in die Luft aufsteigt und auf der anderen Seite wieder tief ins Wasser eintaucht (Landung auf dem Oberschenkel).
2. Alle stehen an den Sprungstellen von ihren Stühlen auf.
3. Es werden drei Delphine bestimmt, die an den entsprechenden Stellen hochhüpfen und dann wieder auf dem Boden landen. Ein Hai muss ebenfalls ausgesucht werden. Die Spielorte werden auf der Bühne eingerichtet: Wo sich Oktopus und die Delphine verstecken, wo das Korallenriff liegt etc. Die Unterwasserpflanzen und die anderen Fische werden von den restlichen Kindern dargestellt.
4. Das Hochspringen der Delphine wird mit Instrumenten musikalisch ausgedrückt. Harmonieinstrumente wie Glockenspiel und Xylophone, können die Tonleiter rauf- und runterhüpfen. Von Trommeln oder Hölzern wird das „plop" und „platsch" gespielt (oder auch mit verteilten Rollen: eine Gruppe spielt das Abheben, die andere die Landung).

Riesen und Zwerge

In einem Land, das weit entfernt liegt, gibt es einen Berg, der so hoch ist, dass er über die Wolken hinausragt. In diesem Berg wohnen sieben Zwerge. Am Tag arbeiten sie in der Höhle, suchen nach Gold und Edelsteinen und mittags machen sie eine Pause. Sie setzen sich dann auf die Steine vor der Höhle und futtern ihr Frühstück. Wenn die Sonne scheint, können sie ganz weit von dem hohen Berg ins Land schauen, in die Täler und auf die Wiesen. Und wenn ganz viele Wolken vorbeifliegen, dann können sie auf die Wolken draufschauen. Das sieht dann wie ein großes Meer aus. Eines Tages, als die Sonne schon hoch am Himmel steht, bemerkt einer der Zwerge etwas Großes weit unten auf der Wiese, und er sagt:

Da oben auf dem Berge, eins, zwei, drei,
da wohnen sieben Zwerge, eins, zwei, drei.
Da unten auf der Wiese, eins, zwei, drei,
da schläft ein großer Riese, eins, zwei, drei.

Aber als sie genauer hinsehen, liegen da fünf Riesen. Die Zwerge überlegen und überlegen. Sie sind neugierig. Was machen die Riesen da? Schlafen sie die ganze Zeit? Und sie denken bei sich: „Wir gehen mal ein Stück tiefer." Sie klettern den Berg hinunter und bleiben in einiger Entfernung stehen. Aber weil sie so neugierig sind, gehen sie ganz nahe heran und sagen: „Wir wollen nur flüstern, damit wir die Riesen nicht aufwecken. Wir schauen uns alles genau an."

(geflüstert)

Da oben auf dem Berge, eins, zwei, drei,
da wohnen sieben Zwerge, eins, zwei, drei.
Da unten auf der Wiese, eins, zwei, drei,
da schlafen fünf große Riesen, eins, zwei, drei.

Sie klettern schnell wieder den Berg hinauf und sind froh, dass die Riesen nicht aufgewacht sind. Als sie abends an ihrem Feuer in der Höhle sitzen, da sagt der älteste Zwerg: „Habt ihr gesehen, was die Riesen für riesengroße Füße haben, wie gewaltig ihre Hände und wie dick ihre Haare sind? Aus ihren Hosen könnte man ein Zelt für fünfhundert Zwerge bauen!“ Und er schlägt vor: „Lasst uns doch mal genauer sehen, was passiert, wenn diese Riesen morgen wach werden. Was haltet ihr davon: Wir gehen alle hinunter auf die Wiese, stellen uns um sie herum und schreien ganz laut.“ Und so schlafen sie mit dieser Idee ein: schrrr schrr schrrr. Am nächsten Morgen kräht der Hahn: „Kikeriki“, und die Wichte recken sich und strecken sich. Dann ziehen sie sich ganz schnell an und laufen den Berg hinunter. Als sie unten angekommen sind, fassen sie sich an den Händen und fangen laut an zu schreien:

(laut gerufen)

Da oben auf dem Berge, eins, zwei, drei,
da wohnen sieben Zwerge, eins, zwei, drei.
Da unten auf der Wiese, eins, zwei, drei,
da schlafen fünf große Riesen, eins, zwei, drei.

Die Riesen wachen auf und sind mit einem Schlag putzmunter. Schnell rennen die Zwerge weg. Sie laufen und laufen den Berg hinauf. Schließlich sinken sie erschöpft in ihrer Höhle auf den Boden. Da plötzlich steht ein Riese vor ihrer Höhle und ruft: „Ihr Zwerge braucht keine Angst zu haben. Kommt uns doch mal besuchen, wir feiern heute abend ein Riesenfest.“ Zuerst sind die Zwerge furchtbar ängstlich. Die Riesenstimme ist so laut, dass die ganze Höhle zittert. Aber eigentlich redet der Riese ganz freundlich und sie lassen sich überreden. Am Abend wird es dann richtig gemütlich. Der mutigste Zwerg lässt sich von dem freundlichen Riesen in seine riesengroße Ohrmuschel setzen und dann singen sie zusammen ein Lied.

Spielanregung

Die Kinder spielen Zwerge und Riesen. Ein paar Riesen liegen auf der Wiese und schlafen. Die Zwerge sitzen vor ihrer Höhle. Sie klettern den Berg hinunter, schleichen sich an usw. Eine andere Möglichkeit besteht darin, dass die Riesen beim Spiel mit Instrumenten durch tiefe und die Zwerge durch hohe Töne charakterisiert werden.

Eine klingende Gespenstergeschichte

Es waren einmal ... Gespenster	*(Zahl der Gespenster einsetzen)*
	Kinder machen Gespenstergeräusche: Hihihi ...
Als die Turmuhr zwölfmal schlug,	*Becken zwölfmal schlagen*
begannen sie durch die Nacht zu geistern.	*Huhuhu ...*
Mit ihren Ketten rasselten sie fürchterlich.	*Kronkorkenrasseln, Schellenring*
Weil es so stark regnete,	*Rasseln*
waren alle ... Gespenster triefend nass.	*(wieder Zahl der Gespenster einsetzen)*
Deshalb schimpften sie.	*Huhuhu ...*
In der Dunkelheit hörte man ein seltsames	
Tier schreien.	*Flöte oder anderes Melodieinstrument*
Es war ein Uhu, den die Gespenster durch	
ihr Lachen	*Hihihi ...*
und das Kettengerassel aufgeweckt hatten.	*Kronkorkenrasseln oder Schellenring*
Als die Gespenster endlich zum Schloss	
kamen, spukten sie durch die Räume.	*Gespensterschreie*
Sie feierten, tanzten und lachten	*Hihihi ...*
ausgelassen.	
Davon wurde der Hausmeister wach,	
und er knipste das Licht an.	*Triangel*
Die Gespenster stürzten ins Freie und	
machten dabei einen fürchterlichen Krach.	*Alle Instrumente spielen*
Es regnete mittlerweile wie aus Kübeln.	*Stark rasseln*
„Wir müssen uns beeilen“, riefen die Gespenster,	
„die Turmuhr müsste doch jetzt	
‚eins‘ schlagen.“ „Wieviel Uhr ist es denn?“	
Keiner wusste es.	*Alle lauschen*
Sie liefen durch den Regen zum Kirchturm.	*Hölzer oder Kastangnetten*
Die Gespenster öffneten die Tür der Kirche	*Ratsche*
und schlichen die Treppe hoch.	*Schleifgeräusche auf einer Trommel,*
	Xylophon aufsteigend
Die Kirchentür fiel wieder ins Schloss.	*Becken*
Die Turmglocke hatte wohl ihren Geist aufgegeben.	*Ohohoh ...*
Plötzlich kam der Uhu angeflogen.	*Flöte oder entsprechendes Instrument*
Er war in dieser Nacht so durcheinander,	
dass er gegen die Glocke flog.	
Ein Gong war zu hören.	*Beckenschlag*
Der Uhu erschrak, sah die vielen Gespenster	
und machte sich auf und davon.	*Flöte oder entsprechendes Instrument wird leiser*
Da schlug die Uhr noch einmal.	
Das war jetzt der richtige Gong. Punkt eins.	*Beckenschlag*
Die Geisterstunde war beendet.	

Alle waren in dieser Nacht wohl etwas durcheinander und machten sich schnell aus dem Staub.
Der Regen prasselte draußen immer noch.

Hihihi ..., Hölzer
Rasseln werden immer leiser

Spielanregung

Das Thema Gespensterstunde ist immer wieder sehr gut für eine Vertonung geeignet. Am besten liest ein Erwachsener die Geschichte vor. Ein Teil der Kinder übernimmt die Instrumente, die andern spielen die Gespenster, den Uhu, den Hausmeister und vielleicht sogar einen Glockenturm. Natürlich dürfen dabei die weißen Betttücher nicht fehlen.

Die Königin aus dem Trommelland

Ein Kind mit einer selbstgebauten Krone ist die Königin aus dem Trommelland. Sie sitzt erhöht auf ihrem Thron und schlägt eine Trommel im eigenen Rhythmus. Dabei hat sie die Möglichkeit, die Lautstärke zu variieren. Je leiser sie ihre Töne spielt, um so näher dürfen ihre Untertanen kommen, je lauter die Königin spielt, um so weiter müssen ihre Landeskinder sich von ihr entfernen.

Das kranke Krokodil

Ich hab ein Krokodil geseh'n, das kann – oh Wunder – aufrecht gehn.	*Eine Hand stellt mit dem Arm das Krokodil dar.* *Der Zeigefinger der anderen Hand deutet darauf (Vorstellung)*
Es läuft herum, ist gar nicht faul und öffnet gern sein Maul.	*Die Hand bewegt sich hin und her.* *Das Maul (wird mit Finger und Daumen dargestellt) klappt auf und zu*
Morgens kommt es kaum heraus. Dann gähnt es und sieht furchtbar aus.	*Mitgähnen, das Maul geht ganz weit auseinander*
Am Tag flitzt es im Dauerlauf und macht sein Maul oft auf. Doch heut liegt es – was geht hier ab – am Boden und ist ganz schön schlapp.	*Ganz schnell hin und her wandern,* *dabei das Maul ganz schnell auf und zu klappen* *Die Hand legt sich auf den Schoß*
Es wälzt sich hin und wieder her. Das Atmen fällt ihm wirklich schwer. Es fängt auch noch zu weinen an, was so ein Krokodil auch kann. Es trinkt die Medizin und zuckt und schüttelt sich und schluckt und schluckt, verzieht das Krokodilsgesicht,	*Die Hand hin und her wenden* *Ganz mühsam das Maul aufklappen* *Mitweinen* *Die andere Hand tröstet das Krokodil* *und gießt ihm pantomimisch ein Glas ein* *Das Krokodil schüttelt sich*
denn dieser Saft, der schmeckt ihm nicht. Doch irgendwann, da steht es auf und läuft davon im Dauerlauf.	*Den Kopf schütteln* *Der Arm geht hoch hinaus* *Das Krokodil ist wieder munter und läuft weg – Hand hinter den Rücken.*

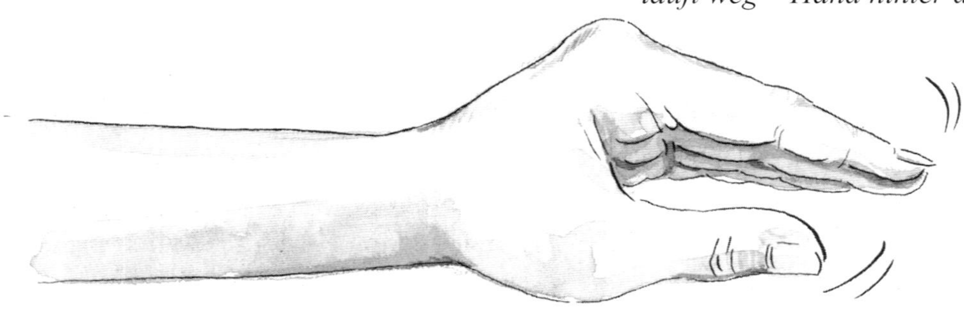

Spielanregung

1. Mit einer Hand wird das Krokodil – wie oben beschrieben – dargestellt. Die andere Hand kommt an den entsprechenden Textstellen zum Einsatz.
Am Anfang liegt die Hand auf dem Schoß. Dann klappt das Maul jeweils rhythmisch auf und zu. Das Sprechtempo wird entsprechend angepasst.

2. Das Stück kann auch als Rollenspiel mit einem aufrechtgehenden Krokodil dargestellt werden.

3. Eine Instrumentengruppe begleitet das Spiel in den verschiedenen Geschwindigkeiten mit einem rhythmischen, gleichbleibenden musikalischen Motiv.

Fridolin, der kleine Frosch

Ich erzähle euch heute die Geschichte von Fridolin, dem kleinen Frosch. Er wohnt in einem See auf einem Seerosenblatt. Und er hat ein Lieblingslied:

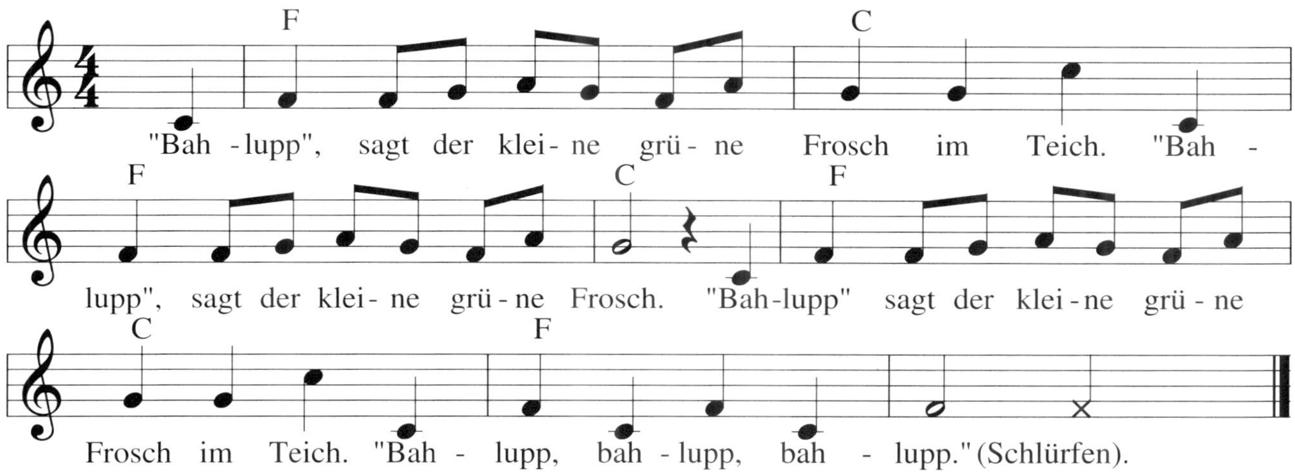

„Bahlupp", sagt der kleine grüne Frosch im Teich.
„Bahlupp", sagt der kleine grüne Frosch.
„Bahlupp", sagt der kleine grüne Frosch im Teich.
„Bahlupp, Bahlupp, Bahlupp." (Schlürfen).

Eines Tages will Fridolin seine Freunde besuchen und mit ihnen sein Lied singen. Er hüpft los. Zuerst trifft er seinen Freund, den Breitmaulfrosch. Er begrüßt ihn und fragt ihn, ob er sein Lied mitsingt. *(Mund auseinanderziehen und dabei das Lied singen: „Bahlupp", sagt der kleine grüne Frosch ...)*

Dann hüpft er weiter und trifft seinen Freund, das Rhinozeros. Sie singen. *(Diesmal mit tiefer Stimme: „Bahlupp", sagt der kleine grüne Frosch ...)*

Im Wald trifft er seine Freundin, die Ameise. Die hat's fürchterlich eilig, aber sie nimmt sich die Zeit und singt auch mit ihm *(mit hoher Stimme: „Bahlupp", sagt der kleine grüne Frosch ...)* und schon ist sie weg.

Fridolin hüpft weiter und kommt an einen hohen Baum. Auf dem Baum sieht er eine Nachtigall. Da wird er ganz verlegen, denn er ist in die Nachtigall verliebt. Aber er fragt sie trotzdem, ob sie für ihn singen will und sie sagt ja. *(Singen, wie eine vornehme Dame: „Bahlupp", sagt der kleine grüne Frosch ... Am Schluss nicht schlürfen, sondern fein das Gesicht abtupfen.)*

Fridolin bedankt sich und ist ganz glücklich. Er hüpft wieder zum See. Da sieht er von weitem den Storch. Erst bekommt er einen Schreck, aber dann denkt er sich: Ich frag ihn einfach, ob er mit mir singt, dann frisst er mich vielleicht nicht. *(Storchenschnabel spitz an den Mund halten und dann singen: „Bahlupp", sagt der kleine grüne Frosch ...)*

Als sie fertig sind, springt Fridolin schnell auf sein Seerosenblatt. Er ist jetzt ganz müde und legt sich gemütlich hin. Dann singt er noch mal ganz leise sein Lied.

Spielanregung

Alle sitzen im Kreis, singen und machen die Bewegungen mit. Die einzelnen Tiere werden durch die Art des Singens charakterisiert. Am Ende schlürfen alle mit, indem sie die Luft durch die Zunge genussvoll einziehen, so dass ein lautes Schlürfgeräusch zustande kommt. Eine Ausnahme gibt es bei der Nachtigall, die sich stattdessen das Gesicht abtupft.
Das Stück kann auch mit den Kindern als kleines Theaterstück gespielt werden. Ebenfalls ist es möglich, die Tiere mit Instrumenten darzustellen.

Das kugelrunde Schwein

Bei Müllers hat's gebrannt

Bei **Mü**llers **hat's** ge**brannt**, -brannt, **-brannt**,
da **bin** ich **hin**ge**rannt**, -rannt, **-rannt**.
Da **war** ein **Ap**fel**baum** -baum, **-baum**,
da **wollt'** ich **Äp**fel **klau'n**, klau'n, **klau'n**.
Da **kam** ein **Po**li**zist**, -zist, **zist**,
der **schrieb** mich **auf** die **List'**, List', **List'**.
Die **List'**, die **fiel** in' **Dreck**, Dreck, **Dreck**,
da **war** mein **Na**me **weg**, weg, **weg**.
Da **lief** ich **schnell** nach **Haus**, Haus, **Haus**,
zu **mei**nem **Bru**der **Klaus**, Klaus, **Klaus**,
und **da** war die Ge**schich**te **aus**, aus, **aus**.

Spielanregung

Dies ist ein „Klassiker" unter den Klatschspielen. Viele haben die Sprechmelodie im Ohr. Die Wiederholungen am Ende jeder Zeile ermöglichen es, für diese Stellen Verabredungen festzulegen, z. B. dreimal gegeneinander klatschen.
Die Variationen sind in vielen Kombinationen vor allem bei spielenden Kindern auf Schulhöfen zu finden.
In einer einfachen Version kann folgendermaßen geklatscht werden (Betonung auf 1, 3, 5 und 7):
1. In die eigenen Händen klatschen
2. Mit der rechten Hand auf die rechte Hand des Partners klatschen
3. In die eigenen Händen klatschen
4. Mit der linken Hand auf die linke Hand des Partners klatschen
5 – 7. Dreimal mit beiden Händen gegeneinander klatschen
8. Kleine Pause

Die Partner stehen sich also gegenüber, klatschen erst in die eigenen, dann über Kreuz rechte auf rechte Hand, dann wieder in die eigenen und schließlich klatschen die linken Hände gegeneinander. Bei der letzten Silbe einer Zeile, die jeweils dreimal gesprochen wird, klatschen alle mit beiden Hände dreimal gegeneinander.

Aquaka della oma

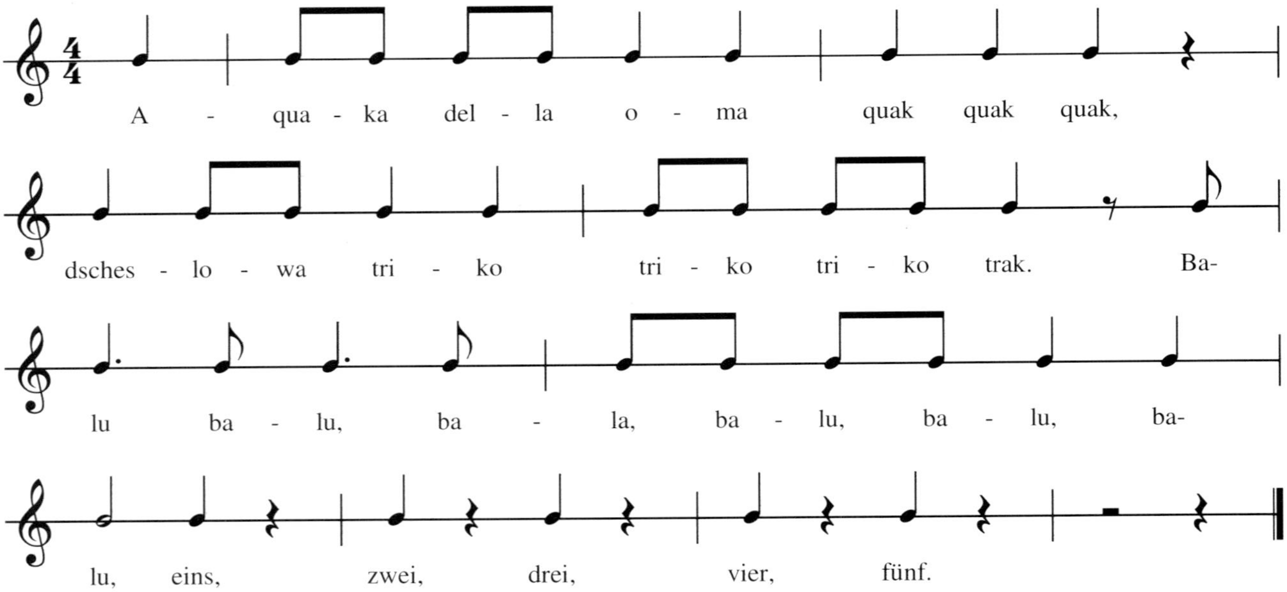

A**qua**ka della **o**ma
quak quak **quak**,
dscheslowa **triko**
triko triko **trak**.
Ba**lu**, ba**lu**, ba**lu**, ba**lu**, ba**lu**,
ba**lu**, **eins, zwei, drei vier,** ***fünf.***

Spielanregung

Dieses Stück habe ich als Sprechgesang in einer vierten Grundschulklasse kennengelernt.

1. Zwei Partner stehen sich gegenüber. Die Handflächen jeweils der linken Hand kleben sozusagen fest aneinander. Bei diesem Klatschspiel ist einer dran, der den Text spricht oder singt. Das letzte „balu" kann unterschiedlich lang gezogen werden. Dabei werden folgende Bewegungen ausgeführt: Die rechten Hände klatschen einmal oben und einmal unten gegeneinander. Wenn dann gezählt wird, gilt es für den anderen bei der „5" die Hand wegzuziehen. Gelingt es dagegen dem Führenden, die Hand des anderen zu erwischen, kann er den Durchgang für sich verbuchen. Andernfalls hat der Partner oder die Partnerin gewonnen. Achtung: Das Stück beginnt mit einer unbetonten Silbe.

Variante: Es wird ja immer abwechselnd oben und unten geklatscht. Wenn der Klatscher oben ankommt, muss sein Partner bei „fünf" die Hand wegziehen, der andere versucht sie zu treffen – unten gilt die umgekehrte Spielregel. Endet der Vers an diesem Punkt, muss die Hand weggezogen werden und der andere Partner versucht sie zu treffen, d. h. für die Partner gibt es oben und unten gegenteilige Prinzipien.

2. Eine kleine Gruppe steht im Kreis, die Gesichter nach innen gerichtet. Die Hände zeigen alle mit den Innenflächen nach oben. Eine Hand liegt oben, beim Partner darunter. Der Impuls geht reihum (wie beim Stück „Scheibenwischer"). Wenn der Impuls bei „5" ankommt, muss dieser Spieler seine Hand wegziehen. Wenn ihm das gelingt, scheidet der Impulsgeber aus. Wird aber seine Hand erwischt, dann darf er nicht mehr mitmachen, und der Impulsgeber bleibt im Rennen.

Theo, Theo

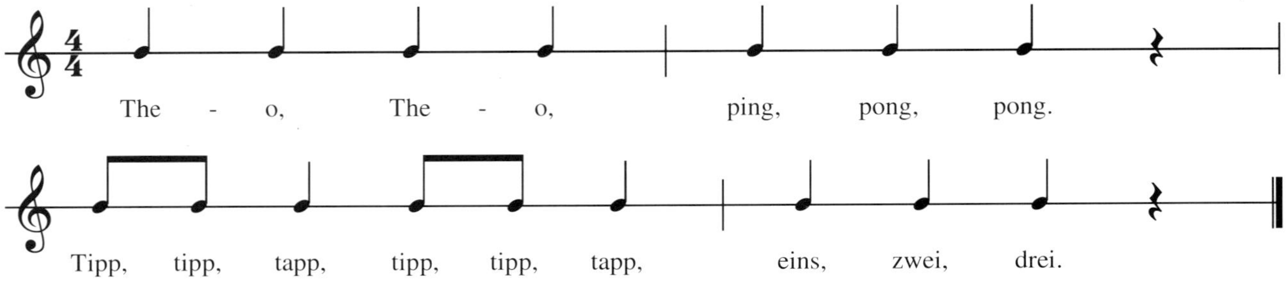

Theo, **The**o,
ping, pong, **pong**.
Tipp, tipp, tapp,
tipp, tipp, tapp,
eins, zwei, ***drei***.

Spielanregung

Das Spiel habe ich von Kindern auf einem Schulhof gelernt. Zwei Partner stehen sich gegenüber. Es werden jeweils die linken Hände zur Bildung eines Zwischenraumes vor die Brust in die Luft gehalten. Die rechten Hände sind verschränkt oder berühren sich.

Dann wird so geklatscht, dass einmal zur rechten Seite und dann zur linken Seite die beiden rechten aneinandergeketteten Hände eine der beiden linken Hände berühren. Der Text wird dabei rhythmisch gesprochen. Bei „drei" müssen beide Partner versuchen, mit ihrer rechten die linke Hand des Gegenübers zu treffen, die versucht zu entwischen, d. h. es kommt darauf an, gleichzeitig eine Hand zu verfolgen und mit der anderen zu entkommen. Punkte können verteilt werden. Der Text lässt sich – z. B. mit einem anderen Abzählvers – auch variieren.

Bayerische Bank

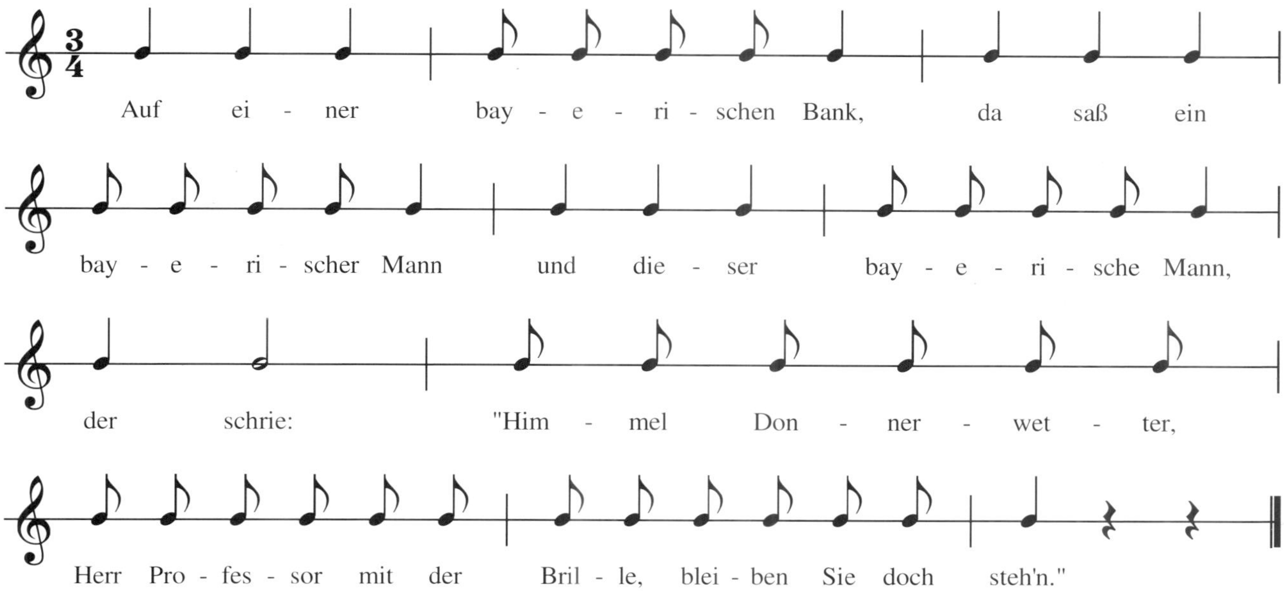

1. Auf einer bayerischen Bank,
da saß ein bayerischer Mann
und dieser bayerische Mann, der schrie:

2. „Himmel, Donnerwetter,
Herr Professor mit der Brille,
bleiben Sie doch steh'n."

Spielanregung

Dies ist eines der wenigen Klatschstücke im Dreiertakt. Ich habe es von Kindern im Grundschulalter gelernt. Der Sprechvers wird wieder als Partnerspiel umgesetzt. Im ersten Teil wird fortlaufend gegeneinander in folgender Reihenfolge geklatscht (bis an die Textstelle „schrie"):

1. In die eigenen Hände klatschen
2. Die rechten Hände klatschen gegeneinander
3. Die linken Hände klatschen gegeneinander

Bitte beachten: Auf jeden Viertelschlag klatschen!
Im zweiten Teil (ab „Himmel") wird mit den Beinen hin und her gegrätscht wie ein Hampelmann. Wer die Beine bei der letzten Silbe (bei „steh'n") auseinander stehen hat, der hat diesen Durchgang verloren. Stehen beide in dieser Stellung endet der Durchgang unentschieden. Das Spiel wird dann immer schneller ausgeführt.

Charlie Chaplin

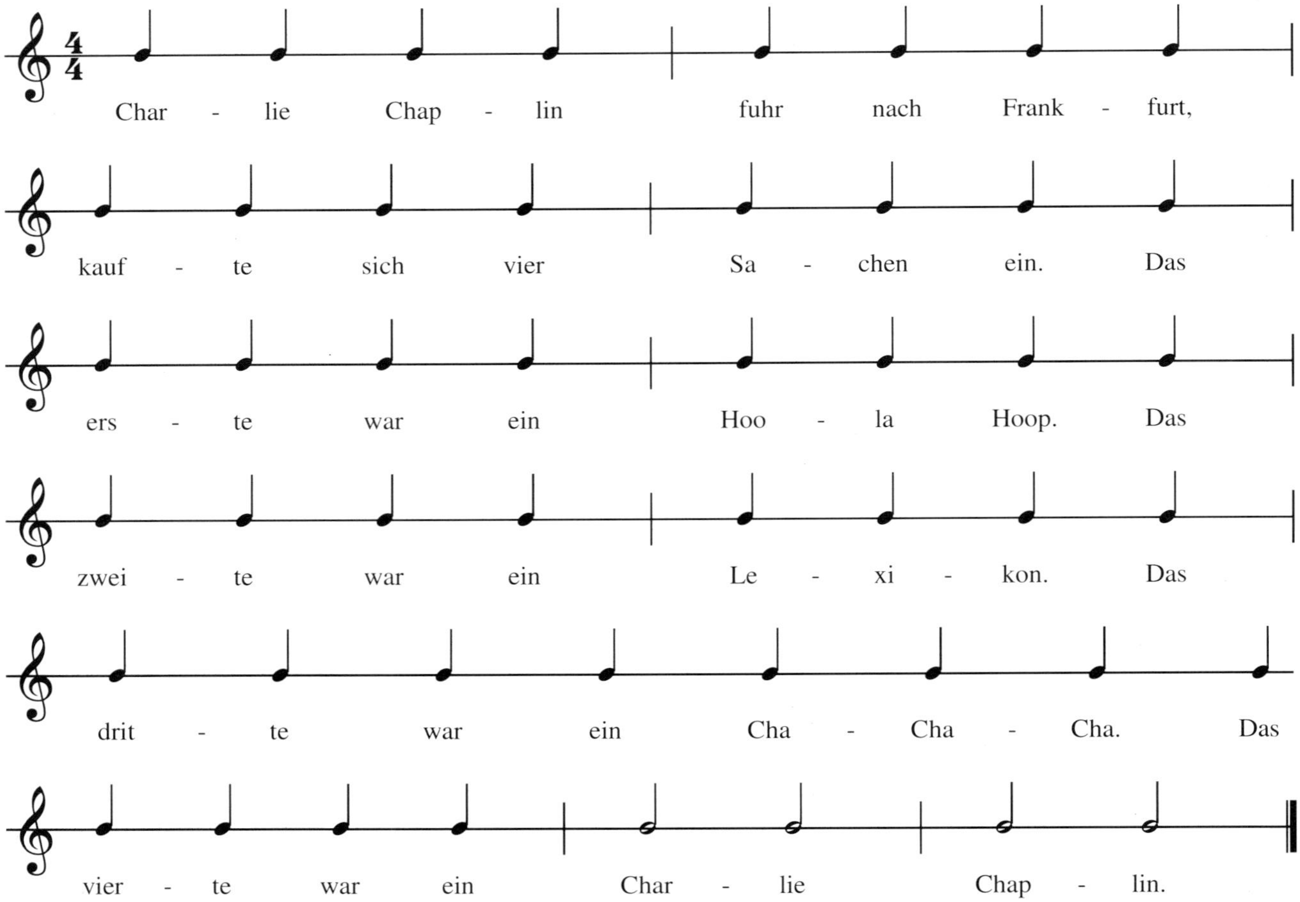

Charlie **Chap**lin **fuhr** nach **Frank**furt,
kaufte **sich** vier **Sach**en **ein**.
Das **er**ste **war** ein **Hoo**la **Hoop**.
Das **zwei**te **war** ein **Lexi**kon,
Das **drit**te **war** ein **Cha** Cha **Cha**,
das **vier**te **war** ein **Char – lie – Chap – lin**.
Charlie Chaplin fuhr nach Frankfurt ...

Spielanregung

Das ist wieder ein traditionelles Klatschspiel. Zwei Partner stehen sich gegenüber und klatschen den „Überkreuz-Grundschlag" wie die ersten vier Klatschbewegungen zu „Bei Müllers hat's gebrannt". Die Füße stoßen dabei zu Beginn in der Charlie-Chaplin-Art direkt mit den Hacken zusammen. Das Besondere an diesem Stück ist, dass am Schluss jede Silbe des Namens „Char- lie – Chap- lin" gedehnt gesprochen wird. Dabei müssen die Füße nach jedem Durchgang – nacheinander auf jede der vier Silben – etwas auseinandergerückt werden. Dann startet das Stück von Neuem. Die einzelnen

„Sachen“ werden dabei gestisch dargestellt: Bei „Hoola Hoop“ drehen sich die Hüften und bei „Lexikon“ reiben die Fäuste aneinander; bei „Cha Cha Cha“ dreimal klatschen, und dann kommt das Auseinanderrücken der Füße. Das Spiel beginnt wieder von vorne. Wer zuerst umkippt, also aus dem Gleichgewicht kommt, hat verloren.

Die Sonne steht oben

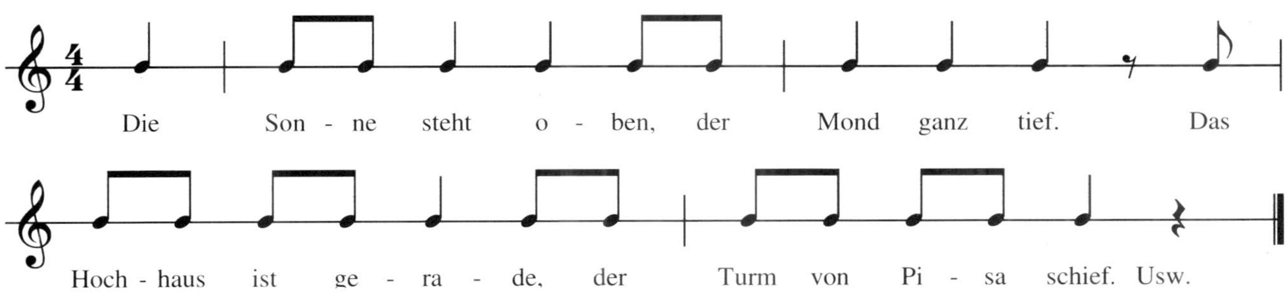

Die **Son**ne steht **o**ben,
der **Mond** ganz **tief**.
Das **Hoch**haus ist ge**ra**de,
der **Turm** von Pisa **schief**.
Schwarz ist **dun**kel
und **Weiß** ist **hell**.
Die **Schne**cke ist **lang**sam,
der **Ha**se, der ist **schnell**.
Das **Wet**ter ist mal **su**per,
manchmal ist es **mau**.
Der **Him**mel ist ver**reg**net,
bald **ist** er wieder **blau**.

Spielanregung

Als Partnerspiel: Den Text sprechen. Dazu zweimal auf die Viertel über Kreuz klatschen, linke Hände und dann rechte Hände gegeneinander. Danach mit den flachen Händen je zweimal oberhalb der Schulter gegeneinander (bei „oben") klatschen. Es kommen nun wieder die beiden Anfangs-Klatscher, dann schlagen die Hände unterhalb der Hüftebene gegeneinander (bei „tief"). Diese Art des Klatsches wird das ganze Stück über durchgehalten. Neue Gegensätze können erfunden werden.

Variante: Es wird zunächst zweimal in die eigenen Hände und dann mit dem Partner beidhändig – einmal oben und einmal tief – gegeneinander geklatscht.

Das kugelrunde Schwein

Ein **ku**gel**run**des **Schwein**, Schwein, **Schwein**,
das **wollt'** gern **dün**ner **sein**, sein, **sein**.
Es **fraß** sich **nicht** mehr **satt**, satt, **satt**,
wurd' **dünn**, doch **auch** ganz **matt**, matt, **matt**.
Drum **Schwein**, bleib **lie**ber **rund**, rund, **rund**,
sonst **gleichst** du **ei**nem **Hund**, Hund, **Hund**.

Spielanregung

Für dieses Klatschspiel schlage ich folgende Regel vor:
1. Rechte Hand klatscht von oben auf die dargebotene linke Hand des Partners.
Gleichzeitig wird die linke Hand dem Partner hingestreckt, der mit seiner rechten Hand abklatscht.
2. Linke Hand klatscht von oben auf die dargebotene rechte Hand des Partners.
Gleichzeitig wird die rechte Hand dem Partner hingestreckt, der mit seiner linken Hand abklatscht.
3. wie 1
4. wie 2
5. – 7. Dreimal gegeneinander mit beiden Handflächen klatschen
8. Pause
Möglich ist auch die Klatschvariante von „Bei Müllers hat's gebrannt".

Auf einem Gummibaum

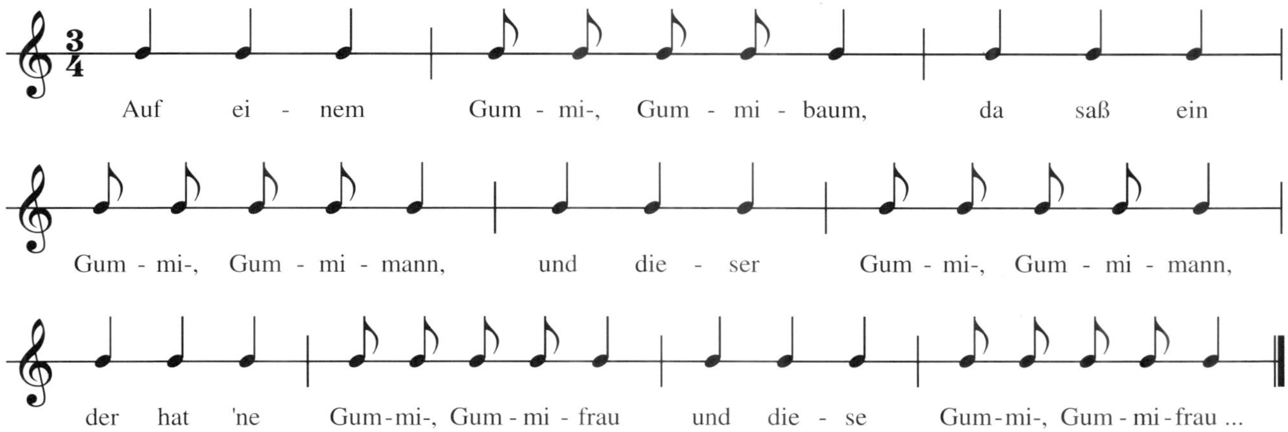

Auf einem Gummi-, Gummibaum,
da saß ein Gummi-, Gummimann,
und dieser Gummi-, Gummimann,
der hat ‘ne Gummi-, Gummifrau
und diese Gummi-, Gummifrau
die hat ein Gummi-, Gummikind.
Ja, dieses Gummi-, Gummikind,
das hat ein Gummi-, Gummikleid
und dieses Gummi-, Gummikleid,
das hat ein Gummi-, Gummiloch,
durch dieses Gummi-, Gummiloch,
da guckst jetzt du.

Spielanregung

Hier sind sechs Schläge für den Grundrhythmus (zwei Takte) bestimmend. Immer auf die ersten drei Silben einer Zeile wird wie folgt geklatscht:

1. Eine Hand klatscht von oben nach unten auf die gegenüberliegende Hand des Partners. Die andere Hand umgekehrt.
2. Nun wird umgekehrt geklatscht: eine Hand von unten nach oben, die andere andersherum.
3. wie 1

Dabei ändert sich also abwechselnd die Klatschbewegung.

4. – 6. Dann dreimal in die eigenen Hände; beim nächsten Durchgang dreimal gegen die Handflächen des anderen klatschen.

Bei diesem Klatschspiel im Dreierrhythmus sind besonders die Verabredungen wichtig. Wer klatscht mit welcher Hand von oben nach unten bzw. von unten nach oben, d. h. wer beginnt wie zu klatschen? Beim vierten Schlag wird dreimal in die eigenen Hände geklatscht. Beim nächsten „Gummi“ wird aber dann gegeneinandergeklatscht. Es wechseln also die Aktionen an der Stelle, wo dreimal geklatscht wird.
Zum Schluss bei „da guckst auch du“ wird mit dem Zeigefinger auf den Partner gedeutet.

Umba-Nero-Elefantenspiel

Wir verwandeln uns in eine Elefantenherde und das hört sich so an:	*Patschen auf Oberschenkel: Dabei „Umba umba umba nero“ rhythmisch sprechen*
In der Elefantenherde gibt es auch den Elefantenopa und der hört sich so an:	*Patschen und langsam und bedächtig „Umba umba umba nero“ sprechen*
Die Elefanten-Tante, die hat einen Hut auf.	*Hand an Kopf, geziert den Vers aufsagen*
Das Elefanten-Baby läuft ganz schnell.	*Ganz schnell „Umba umba“ sprechen*
Die Elefanten treffen sich alle am Palaver-Platz.	*Palaver, Palaver (Hand auf und zu)*
Das Elefantenbaby schleicht zum Fluss und trinkt einen großen Schluck.	*Elefanten-Geste – mit dem „Rüssel“ trinken*
Es sieht aber das Krokodil nicht, das auch im Fluss liegt.	
Das Krokodil schnappt zu.	*Pantomisch ein Maul darstellen*
Das Elefanten-Baby erschrickt und ruft nach seiner Mutter.	
Alle helfen mit zu rufen.	*Mama rufen*
Die Mutter hört das und läuft zum Fluss.	*Hand hinter das Ohr halten*
Dort sieht die Mama, was passiert ist und streckt ihren Rüssel aus.	*Elefanten-Geste – Hand durch einen Arm strecken*
Sie spritzt das Krokodil nass.	
Das Krokodil ist so erschreckt, es reißt das Maul auf und spuckt das Elefanten-Baby wieder aus.	*Arme klappen weit auf*
Sie laufen zurück zum Palaver-Platz.	*Mehrmals „Umba umba“ sprechen*
Alle freuen sich, dass das Baby wohlbehalten wieder da ist.	*Tief durchatmen*

Spielanregung

Dies ist eine einfache Klanggeschichte zum Mitmachen. Der Vers „Umba umba umba nero“ wird in verschiedener Weise gesprochen und immer mit einem Patschen begleitet. Elefanten werden dargestellt, indem eine Hand als Rüssel durch den andern Arm gestreckt wird. Alle können direkt mit einsteigen und Anregungen für das Weiterentwickeln der Geschichte geben.

Rira rutschi ba

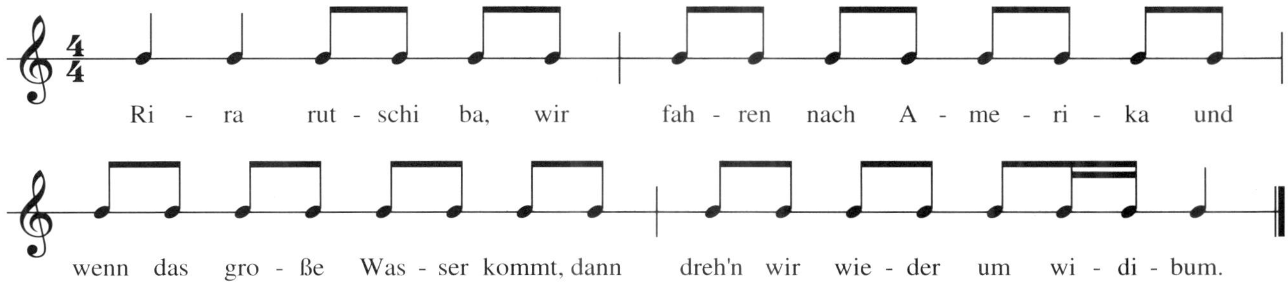

Rira rutschi ba,
wir fahren nach Amerika
und wenn das große Wasser kommt,
dann dreh’n wir wieder um widibum.

Spielanregung

1. Im Kreis klatschen jeweils zwei Partner gegeneinander. Bei „widibum“ mit den Füßen stampfen, dann Partnerwechsel zur anderen Seite.

2. Paarweise im Kreis gehen und die Hände über Kreuz halten, am Ende Richtung bei „widibum“ wechseln.

Die Zeitlupenmaschine

Mit den Stücken in diesem Kapitel gelingt es vielleicht, etwas Ruhe in eine Gruppe zu bekommen. Entspannungsübungen und Phantasiereisen können sich anschließen. In unserer hektischen Zeit sind Kinder gerne bereit, sich auf solche Angebote einzulassen, wie sie auch z. B in „Weiße Wolken – Stille Reise" von Volker Friebel vorgestellt werden.

Die lautlose Grippe

Seit Tagen ist die Sonne nicht	*Mit ausgebreiteten Armen eine Sonne darstellen*
aus ihrem Bett geschlupft.	
Es regnet, und die Leute sind	*Mit den Fingern von oben nach unten*
fast alle ganz verschnupft.	*„tröpfeln"*
Jetzt weht auch noch ein scharfer Wind	*Mit dicken Backen blasen*
von Norden in die Stadt,	
so dass sich eine Grippe	
ganz schnell verbreitet hat.	
Die Grippe ist ganz sonderbar,	
so sagt das Dr. Beck.	*Mit beiden Händen eine Brille zeigen*
Erst kommt ein dicker Schnupfen,	
dann bleibt die Stimme weg.	*Auf den Hals deuten*
Du kannst erst nur noch flüstern,	
du wisperst leis herum,	
bewegst nur noch die Lippen	*Mit zwei Fingern die Lippen andeuten*
und schließlich bist du stumm.	
Du redest mit den Händen	*Mit den Händen „sprechen"*
und sagst kein einz'ges Wort.	*und nur noch die Lippen bewegen*
Du zeigst, was du gern haben willst,	
probierst es immerfort.	
Du sprichst mit deinen Fingern	
und übst das, bis es geht.	
Führst lautlos ein Gespräch,	*Wie bei der Gebärdensprache mit den Händen reden*
bis man dich so versteht.	

Spielanregung

Das Gedicht wird zunächst vorgetragen, dann überlegt die Gruppe gemeinsam, welche Möglichkeiten für eine Darstellung bestehen. Dann geht es mit den verabredeten Bewegungen in einen zweiten Durchgang. Entsprechende Pausen müssen gelassen werden. Am Ende suchen sich die Mitwirkenden einen Partner und eine „lautlose Unterhaltung“ wird geführt. Lautstärke als Gestaltungsmittel ist ganz wichtig in der Musik. Am Schluss sollte in der Gruppe absolute Ruhe sein. Die einzelnen Textpassagen können gestisch dargestellt werden.

Die Zeitlupenmaschine

⊙ 11

Wolfgang Hering

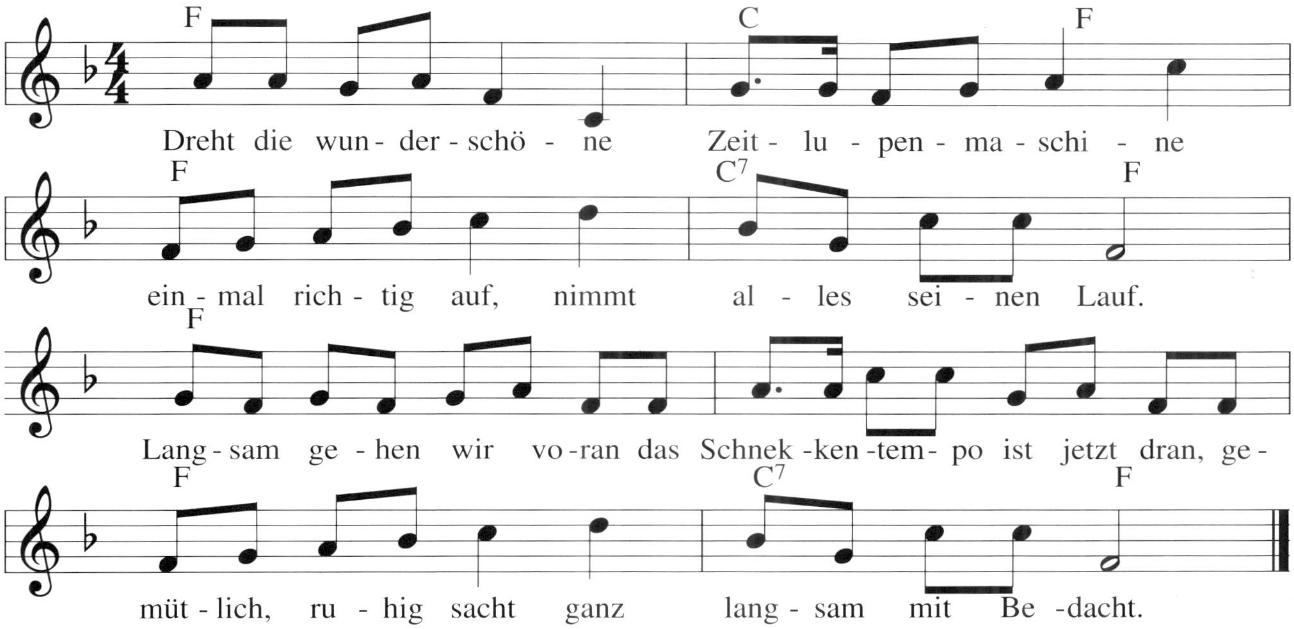

Refrain:
Dreht die wunderschöne
Zeitlupenmaschine,
einmal richtig auf,
nimmt alles seinen Lauf.

1. Langsam gehen (schleichen, schwimmen, stampfen etc.) wir voran.
Das Schneckentempo ist jetzt dran.
Gemütlich, ruhig, sacht,
ganz langsam mit Bedacht.

2. Schneller hüpfen (rennen, reiten, krabbeln etc.) wir voran,
Das Turbotempo ist jetzt dran.
Eilig, schnell, rasant,
ganz außer Rand und Band.

Spielanregung

Zum Refrain „Dreht die wunderschöne ... " drehen sich alle Hand in Hand auf der Kreisbahn. Dann kommen die Strophen mit verschiedenen Bewegungsaufforderungen, z. B. „Laufen" oder „Schwimmen". Alle bewegen sich nach diesem Kommando in Zeitlupengeschwindigkeit – auf der Kreisbahn – weiter.
Die Spielidee kann unterstützt werden, indem ein Gong nach dem Refrain alle einfrieren lässt und erst dann die Bewegungsaufforderung der Strophe umgesetzt wird. Beim nächsten Durchgang fassen sich alle wieder auf der Kreisbahn an und das Spiel beginnt von vorne. Der Refrain wird in der ursprünglichen Geschwindigkeit gesungen.
Mit der letzten Strophe kann das Tempo beschleunigt werden; am besten vorher die Gangarten klären.

Seifenblasenspiel

Alle Kinder haben ein eigenes Instrument. Dann fliegen Seifenblasen durch die Luft. Jedes Kind soll sich eine Seifenblase aussuchen und solange das eigene Instrument spielen, wie sein bunter kleiner Ballon zu sehen ist. Wenn die Seifenblase platzt, ist noch mal ein großer Schlag oder ein lauter Klang zu hören. Sind alle Seifenblasen verschwunden, müsste es ganz still im Raum sein.

Triangel-Spiele

Im Folgenden sind einige Spielideen zusammengestellt, die sich sehr gut mit einer Triangel umsetzen lassen.

1. Mit der Triangel wird ein Ton angeschlagen. Dann sind alle ganz still und lauschen. Vorher wurde vereinbart, dass die Kinderauf alles achten, was akustisch wahrgenommen wird. Wer sich ganz besonders konzentrieren möchte, schließt dazu die Augen. Nach einer Weile wird die Triangel ein zweites Mal angeschlagen. Dann öffnen alle wieder die Augen und sprechen gemeinsam darüber, was alles zu hören war.

Für die Stilleübung in dieser ersten Variante gehen die Kinder am besten nach draußen – an einen Bachlauf oder Brunnen.

Danach könnte es z. B. so weiter gehen:
„Jetzt überlegt sich jeder, ob ihm etwas einfällt, was mit den wahrgenommenen Geräuschen des Baches oder des Brunnens zu tun hat. Und jeder erzählt das dann. Vielleicht ist das bei manchen eine kleine Geschichte, aber es kann auch ganz kurz sein. Wer weiß schon etwas?"

Es geht also immer um Zusammenhänge. Manche sind offenkundig. So können Vögel vom Brunnen trinken. Bei manchen Geräuschen werden die Zusammenhänge weiter hergeholt sein. Beispielsweise kann man mit Brunnenwasser die Fensterscheiben eines Autos putzen. Es ist also auch Phantasie gefragt.

2. Der Triangelklang ist das Signal, die Augen zu schließen und sie dann beim zweiten Schlag wieder zu öffnen. Alle versuchen sich in diesem Zeitraum lautlos zu bewegen.

3. Solange der Ton klingt, können sich alle bewegen. Wenn nichts mehr zu hören ist, frieren alle ein und dürfen sich nicht mehr bewegen.

4. Ein Kind sitzt auf einem Stuhl. Nach dem Anschlagen der Triangel bewegen sich die anderen lautlos durch den Raum. Wenn das Stuhlkind ein Geräusch hört, hebt es den Arm und benennt das Kind, das den Ton verursacht hat. Hat es richtig geraten, kommt dieses Kind auf den Stuhl und das Spiel beginnt von neuem.

5. Zwei Gruppen werden gebildet. Alle Mitspieler der einen Gruppe schließen die Augen. Die Triangel erklingt zum ersten Mal, die andere Gruppe versteckt ein Glöckchen. Dann wird die Triangel zum zweiten Mal angeschlagen. Jetzt darf das Glöckchen gesucht werden.

Die Raschelmaus

Es raschelt irgendwo im Haus.	*Hände reiben aneinander*
Das Rascheln kommt von oben.	*Hände reiben über dem Kopf*
Da ist ganz sicher eine Maus	
ganz fürchterlich am Toben.	*Füße trampeln mit*
Ja, eine Maus wohnt dort im Dach.	*Dach mit zwei Händen anzeigen*
Sie ist so richtig böse,	
hat Hunger und macht großen Krach,	*Trampeln und Patschen gleichzeitig*
sie findet keinen Käse.	
Jetzt dreht sie erst so richtig auf,	
zerdeppert einen Spiegel,	*Laut in die Hände klatschen*
läuft am Klavier die Tasten rauf	*Mit den Fingern den Arm hochlaufen*
und frisst drei Schokoriegel.	*Mit den Fingern drei anzeigen*
Sie knabbert hier, sie knistert da	*Eine Hand stellt ein Mäulchen dar*
und rumpelt rum noch schneller.	*Wieder mit den Füßen trampeln*
Sie kommt der großen Katze nah,	
die kommt aus ihrem Keller.	*Hände streichen über die Oberschenkel*
Die jagt die Maus durchs ganze Haus:	
„Du wirst mir nicht entlaufen."	
Die Maus, die springt zum Fenster raus.	*Hochhüpfen*
Die Katze muss verschnaufen.	*Laut ausatmen*
Die Maus ruft: „Katze, fang mich doch!"	*Eine lange Nase zeigen*
Die Jagd geht durch den Garten.	*Hände patschen und Füße trampeln*
Die Maus, die schlüpft ins Mauseloch,	
jetzt muss die Katze warten.	*Schweiß abwischen*

Spielanregung

Für die einzelnen Textpassagen werden einfache Vertonungen gesucht, z. B. wird das Rascheln mit Papier ausgedrückt. Zwei Kinder spielen die Jagd von Katze und Maus nach. Dazu werden im Raum Stellen als Haus und Garten bestimmt. Natürlich können auch Instrumente, besonders Rasseln, Tamburine oder Zimbeln, zum Einsatz kommen. In diesem Fall wird die Klanggestaltung mit einer kleinen Partitur auf einer Wandzeitung festgehalten.

Ohren auf der Flucht

In der Stadt wird sehr viel gebaut. Es gibt reichlich Baustellen. Ein Verkehrsstau folgt dem anderen, und dann liegt noch der Flughafen in der Nähe. Morgens geht es schon los. Alles macht Krach. Die Baumaschinen, die Motoren, die Triebwerke der Flugzeuge – manchmal kann man sein eigenes Wort nicht mehr verstehen. Einige Leute halten sich die Ohren zu.

Leise Dinge gibt es auch in der Stadt, aber die haben kaum mehr eine Chance gehört zu werden: Vögel, die zwitschern, Springbrunnen, die plätschern, Wind, der durch die Bäume weht, Grillen, die zirpen, Fahrräder, die gemütlich vorbeifahren, Katzen, die schnurren und Goldfische, die im Aquarium gemächlich blubbern.

Da geschieht es eines Nachts: Die Ohren von den Zwillingen Sebastian und Tobias Löffelhart können auf einmal sprechen. Sie unterhalten sich in ihrer eigenen Ohrensprache. Die Familie Löffelhart lebt in einem Haus direkt an einer großen Straßenkreuzung. Es ist mitten in der Nacht, als ein Ohr anfängt zu flüstern, vermutlich das rechte Ohr von Tobias: „Ich glaub, ich hab die Nase, das heißt die Ohren, gestrichen voll. So viel Krach!“ Das linke Ohr auf der anderen Seite kann das nur bestätigen und ergänzt: „Warum gibt es hier keine angenehmen Geräusche? Immer diese Krawallmacher. Es ist nicht zum Aushalten!“ Und sie beschließen: „Komm, lass uns aus dieser lauten Stadt einfach abhauen. Wir kennen doch diesen Stern außerhalb der Erde, da gibt es nur leise Geräusche und stille Monde drum herum. Dort sind feine, angenehme Töne zu hören, z. B. ruhige Musik, zauberhafte Klänge. Alles ist gedämpft und nichts darf dort zu laut sein.“

Gesagt, getan: Sie machen sich auf den Weg. Mit einem kurzen Knacks lösen sie sich vom Kopf und hauen ab. Die Ohren vom Zwillingsbruder nehmen sie gleich mit. Ja, schau mal, sie können fliegen. Nicht umsonst heißt es ja „Segelohren“. Sie flüstern den anderen Ohren zu, die sie unterwegs treffen: „Kommt mit – wir wollen auswandern.“ Da spitzen viele ihrer Artgenossen die Ohren. Sie finden diese Idee ganz toll und in Nullkommanichts flüchten Tausende von Ohren aus der Stadt. Das ist ja wirklich ohrenaffenstark!

Am nächsten Morgen hören die Leute in der Stadt nichts mehr. Alle bekommen einen Riesenschreck. Sie können sich nur noch mit Händen und Füßen verständigen. Im Fernsehen gibt es die Nachrichten nur noch auf großen Schrifttafeln. Die Menschen müssen ihre Worte auf Zettel aufschreiben, um sich verständlich zu machen. Eine Unterhaltung ist sehr mühselig und braucht viel Zeit. Es werden die berühmtesten Ohrenärzte befragt. Doch auch sie können die Ohren nicht ersetzen. Keiner kann etwas hören. Ohne Ohren sehen die Menschen sehr ulkig aus. Tobias, der sonst abstehende Ohren hatte, kann die Haare jetzt ganz kurz tragen. Ein Minister schlägt vor, die Gebärdensprache zur Landessprache zu erheben. Dabei können die Leute lautlos eine Unterhaltung führen, indem sie alles mit den Händen ausdrücken.

Da bekommen Wissenschaftler sonderbare Zeichen aus dem Weltall zugefunkt, die sie mit Spezialgeräten auffangen und erst auf einem Bildschirm sichtbar machen müssen, um sie zu verstehen – sie haben ja keine Ohren mehr. Sie finden heraus, wohin die Ohren geflüchtet sind. Die Ohren funken zurück, dass sie erst dann wiederkommen, wenn der Krach auf ein erträgliches Maß zurückgeschraubt wird. Nach langem Hin und Her werden die Bedingungen der Ohren erfüllt, und es gibt ein neues

Gesetz zur Verhinderung von zu viel Krach. Ein Minister für Lärmangelegenheiten ist dafür zuständig, dass diese Vorschriften auch eingehalten werden.

Und so kommen die Ohren wieder zurück, und ein neues Leben mit ruhigen und leisen Tönen beginnt.

Spielanregung

Die Geschichte wird mit dem vorhandenen Instrumentarium vertont. Hier kommt insbesondere das Spiel von lauten und leisen Tönen zum Tragen. Ich schlage vor, die Story mit einem Kassettenrecorder aufzunehmen. Dazu können Originalgeräusche verwendet werden wie Straßenlärm, Vogelgezwitscher oder Fahrradklingeln. Der Text kann aber auch rein musikalisch illustriert werden.

Der rote Luftballon

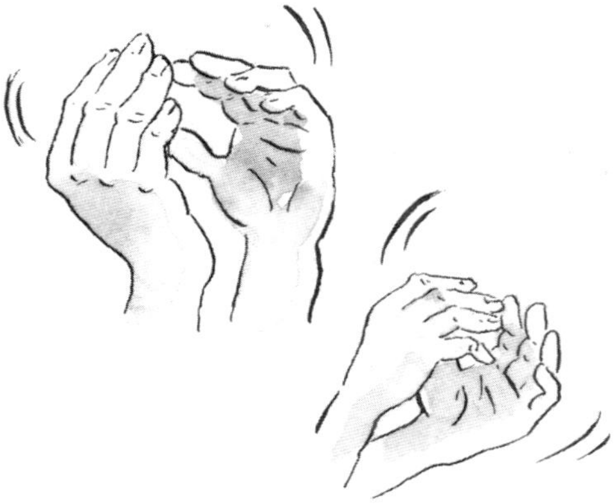

Du atmest ein, — *Einatmen*
ganz langsam ein
und brauchst dafür gute Luft,
Pustest sie raus — *Kräftig ausatmen*
und ruhst dich aus.
Ziehst die Luft ein, — *Wieder einatmen*
immer weiter rein
mit dicken Backen:
atmest sie aus, — *Wieder ausatmen*
immer weiter aus.

Nimm einen Luftballon, — *Einen Luftballon mit beiden Händen anzeigen*
blas ihn jetzt auf.
Nimm einen Luftballon,
und blas ihn groß auf. — *Der Luftballon wird immer größer*

So ein schöner,
ein großer,
ein roter Luftballon! — *Den eigenen Luftballon bestaunen*
Halte ihn fest
vor dir, ganz fest.
Sei leise und betrachte
ihn rundherum ganz sachte, — *Mit beiden Händen pantomimisch dreh'n*
dreh ihn herum,
langsam herum.

Komm, komm, flieg hoch, — *Der Luftballon wird hoch in die Luft geworfen*
ich fang dich auf.
Komm, komm, flieg hoch,
ich fang dich wieder auf. — *Den unsichtbaren Luftballon wieder mit den Händen auffangen*

Spielanregung

Dies ist ein Stück, um zur Ruhe zu kommen. Der Text wird frei mit entsprechenden Pausen gesprochen. Dabei sollten alle Kinder zuerst auf ihren Atem achten. Dann wird der Text vom Gruppenleiter gesprochen. Das Sprechtempo richtet sich dabei auch nach der Gruppe. Der Luftballon wird pantomimisch dargestellt. Oder die Kinder benutzen einen richtigen Luftballon. Die letzten vier Zeilen können wiederholt werden.

Die Musikgeister

Sie kommen in der Nacht
aus ihren Ecken raus
und klimpern leis und lauter
durch das ganze Haus.
Man hört sie meist im Keller,
erst langsam und dann schnell,
sie gehen dann die Treppe rauf,
erst tief und dann ganz hell.
Und schließlich vor der Tür,
da sind sie laut und schrill.
Doch plötzlich hört man keinen Pieps,
sie sind mucksmäuschenstill.

Spielanregung

1. Das Gedicht wird mit den vorhandenen Instrumenten umgesetzt. Dazu bilden sich unterschiedliche Gruppen, z. B. Holz- und Metall-Klangkörper. Nacheinander führt jede Abteilung ihre Interpretation auf.

2. Es werden Flaschen mit Wasser unterschiedlich voll gefüllt. Dann produzieren die Kinder entsprechend der Geschichte Töne. Die Flaschen können z. B. mit Löffeln zum Klingen gebracht werden. Geschickte Kinder bilden die Töne, indem sie über die Flaschenöffnung blasen.

Die musikalische Marionette

Ein Kind spielt eine Marionette. Es werden nun verschiedene Bewegungen festgelegt und einzelnen Instrumenten zugeordnet. Je nach Altersgruppe und Entwicklungsstand der Kinder sollten die Anzahl der Instrumente und der Schwierigkeitsgrad der Bewegungen gewählt werden.

- Arme hochheben
- auf der Stelle drehen
- zwei Schritte vorwärtsgehen
- verbeugen
- winken

Nach jedem Klangereignis wird eine kleine Pause eingelegt.

Die Flüstermännchen

12

Wolfgang Hering

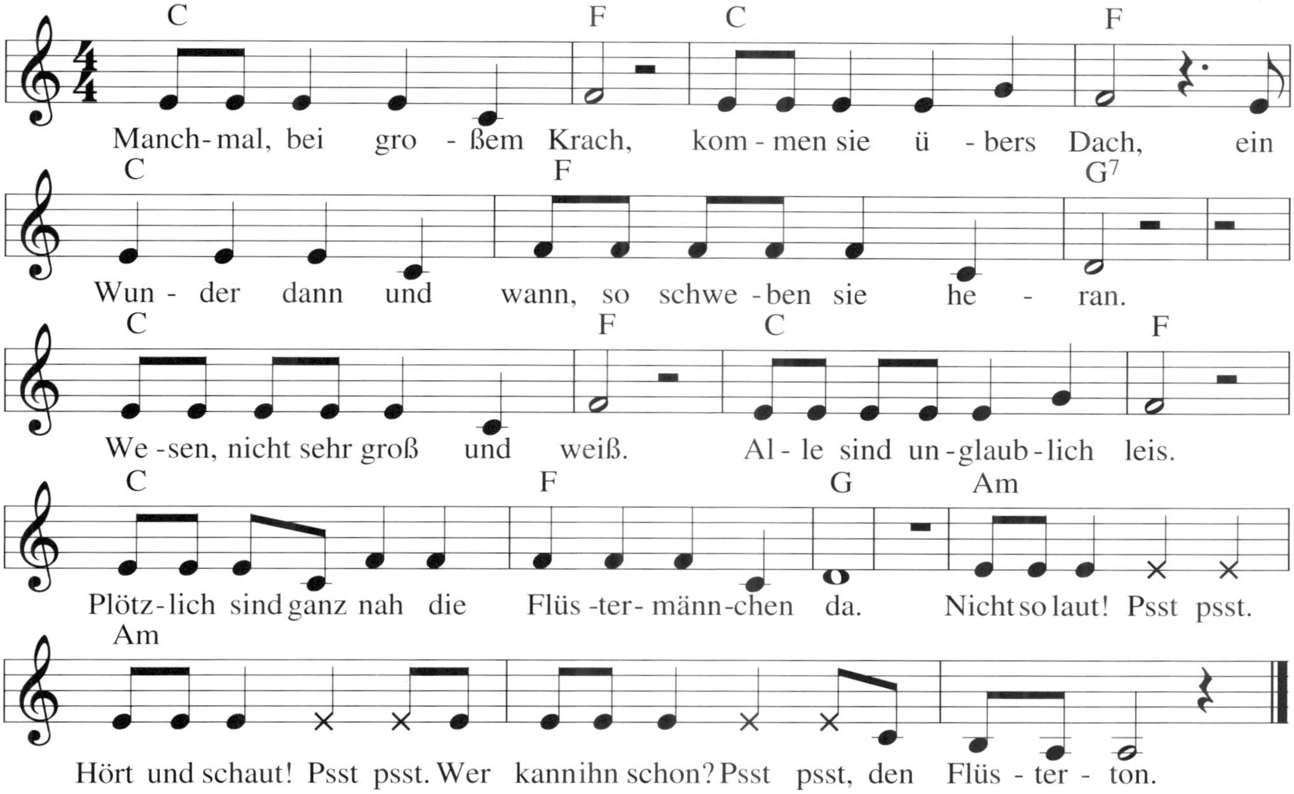

1. Manchmal, bei großem Krach,
kommen sie übers Dach,
ein Wunder dann und wann,
so schweben sie heran,
Wesen, nicht sehr groß und weiß.
Alle sind unglaublich leis.
Plötzlich sind ganz nah
die Flüstermännchen da.

Refrain:
Nicht so laut, pssst pssst.
Hört und schaut! Pssst, pssst.
Wer kann ihn schon? Pssst, pssst,
den Flüsterton.

2. Alle sind sie sehr gut drauf,
treten oft gemeinsam auf,
toll, was man da alles hört
im Flüster-Livekonzert.
Flüstermännchen flüstern tief,
mal hoch, mal grad, mal schief.
Jedes flüstert, wie es will
und ist danach ganz still.

3. Sie stecken alle Leute an,
dass man nur noch flüstern kann.
Bald sagt keiner mehr im Ort
ein lautes Wort.
Manche seh'n das gar nicht ein:
„Brüllen will ich und auch schrei'n!"
Doch auch die werden stumm
und murmeln nur herum.

4. Keiner brüllt mehr im Streit.
Die Leute nehmen sich Zeit
und wollen, das ist schön,
den andern auch versteh'n.
Ja, die Stimmung ist ganz toll,
alles ist geheimnisvoll.
Plötzlich sind – oh Schreck –
die Flüstermännchen weg.

Spielanregung

Eine Gruppe stimmt einen Flüsterchor zur Untermalung an. Dann wird der Text dazu aufgesagt und mit Hilfe der eigenen Stimme und der vorhandenen Instrumente interpretiert. Schließlich wird das Lied – natürlich leise – gesungen und alle halten sich im Refrain beim „Pssst" den Finger vor den Mund.

Der klingende Ritter

Meine Instrumente

13

Klaus W. Hoffmann

1. Die Trommel spielen kann ich schon,
ich spiel einen leisen Ton.
Hört euch das mal an,
wie schön das klingen kann.

2. Die Trommel spielen kann ich schon,
ich spiel einen lauten Ton.
Hört euch das mal an,
wie schön das klingen kann.

3. Die Raspel spielen kann ich schon ...

4. Die Klanghölzer schlagen kann ich schon ...

5. Triangel spielen kann ich schon ...

Spielanregung

Klaus W. Hoffmann stellt in seinem Lied verschiedene Instrumente vor. Zunächst wird die Melodie eingeübt, dann kann z. B. in der ersten Strophe die Trommel erst leise und dann laut geschlagen werden. Nach und nach kommen die anderen Instrumente zum Einsatz. Ein bisschen Übung gehört schon dazu, leise und laute Töne herauszubringen. Es können nur die Instrumente zum Einsatz kommen, die in der Gruppe vorhanden sind.

Der klingende Ritter

Auf seiner Burg, da lebte
ein Ritter, der war klein.
Er ging in seine Rüstung
bestimmt fast zweimal rein.
Die Leute sprachen leise:
„Ach, ist der Ritter schwach.“
Doch lief er durch die Straßen,
da machte er viel Krach.

Schepper ding dong, schepper tack.
Klapper ding dong, klapper klack.

Im Wald, da gab's ein Raubtier,
dem hing die Zunge raus.
Vor lauter Angst da traute
sich niemand aus dem Haus.
Der Ritter rief: „Ihr Leute,
so kann's nicht weitergeh'n.
Ich geh und werd dem Raubtier
mal in die Augen seh'n.“

Schepper ding dong, schepper tack.
Klapper ding dong, klapper klack.

Der Ritter nahm die Rüstung
am Abend in den Wald,
hing sie mit ein paar Dosen
an einen Baum sobald.
Und steckte viele Kracher
der Rüstung in den Bauch,
und als das Raubtier kam,
da gab es Lärm und Rauch.

Es zischte und es krachte,
und alles wirkte echt.
Das Raubtier sah das Monster,
ihm wurde richtig schlecht.
Es floh schnell aus der Gegend
weit weg und übers Feld.
Da freuten sich die Leute.
Der Ritter war ein Held.

Schepper ding dong, schepper tack.
Klapper ding dong, klapper klack.

Spielanregung

Für dieses Stück brauchen wir Klangwerkzeuge, die wie eine Ritterrüstung klappern, scheppern oder ähnliche Geräusche machen. Besonders gut eignen sich: Tamburine, Rasseln, Becken, Metallophone, Zimbeln, aber auch Selbstgebautes aus Dosen, Nägeln, Flaschen, Töpfen etc. Das Gedicht wird dann rhythmisch mit den Instrumenten begleitet, d. h. jeder Teil übernimmt einen eigenen durchgehenden Rhythmus. Das ist gar nicht so einfach! Im Refrain wird dann aus Herzenslust Krach gemacht.

Wenn du am Klavier mal sitzt

14

mündl. überliefert

1. Wenn du am Klavier mal sitzt,
wird zuerst die Hand gespitzt.
Der erste Finger regt sich,
der zweite Finger bewegt sich.
Dritter Finger will auch was tun,
vierter Finger kann nicht ruh'n.
fünfter Finger folgt sodann,
alles fängt zu spielen an.

Refrain:
Klimper, klimper, klim bim bim. (leise)
Klimper, klimper, klim bim bim. (laut).

2. Wenn du am Klavier mal sitzt
wird die andre Hand gespitzt ...

3. Wenn du am Klavier mal sitzt,
wird zuerst die Hand gespitzt.
Der dicke Daumen regt sich,
der Zeigefinger bewegt sich.
Mittelfinger will auch was tun,
nächster Finger kann nicht ruh'n.
Kleiner Finger folgt sodann,
alles fängt zu spielen an.

4. Wenn du mit der Geige sitzt ...

Refrain:
Fideldideldidildei ...

Spielanregung

Ein Fingerspiellied zum Mitmachen. Eine Hand beginnt. Zunächst werden die Finger gespreizt und nach allen Seiten bewegt. Dann kommt der Daumen als erstes dran. Dabei lernen die Kinder spielerisch die Bezeichnungen für den Fingersatz bei einem Klavier. Der Zeigefinger als „zweiter Finger“ darf sich danach recken. Dann sind der Mittel-, der Ring- und schließlich der kleine Finger an der Reihe. Schließlich klimpern beide Hände auf einem unsichtbaren Klavier, erst leise und dann laut – eine gute Übung für die Feinmotorik. Dann die Strophe mit den richtigen Fingerbezeichnungen und den Bewegungen noch einmal singen.

Die Hände können auch andere Instrumente imitieren. Die Kinder schlagen neue Instrumente vor.

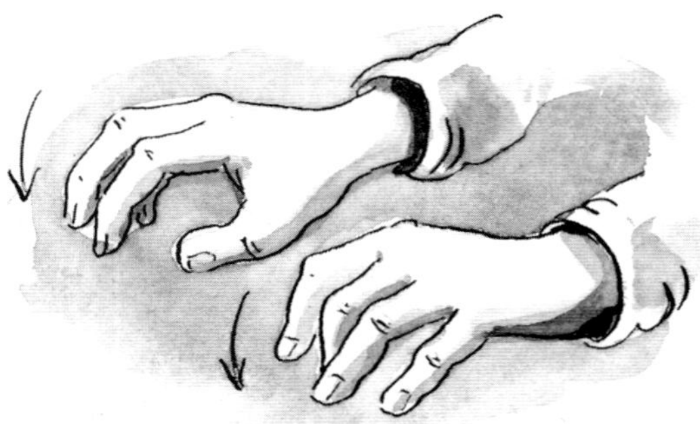

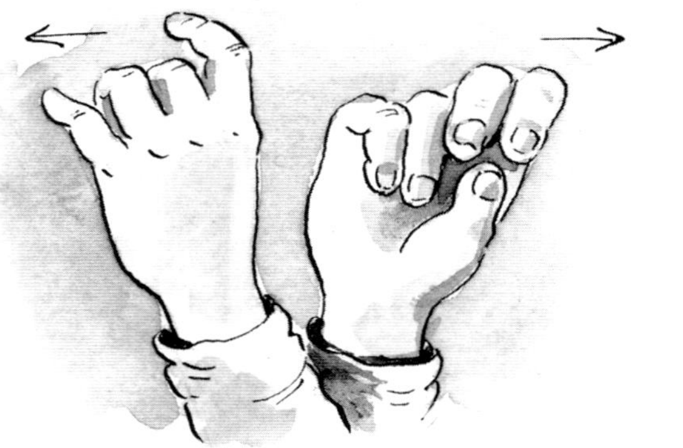

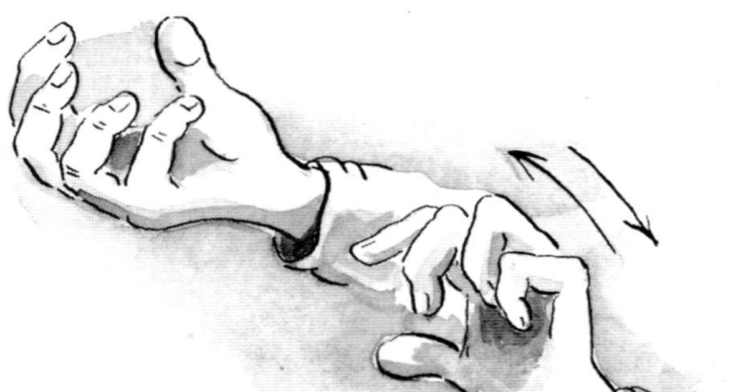

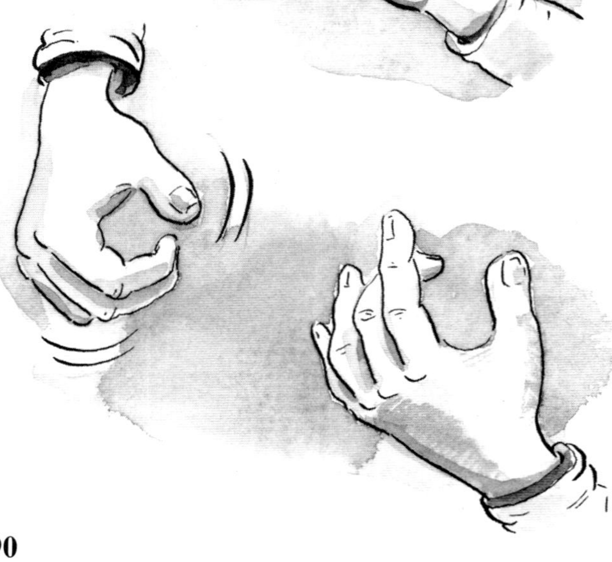

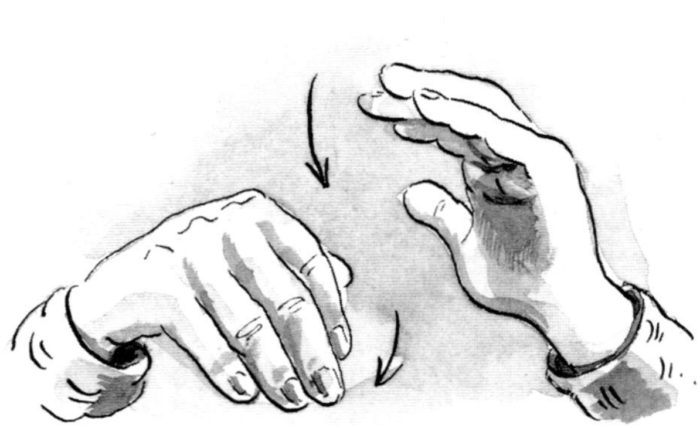

Geschichte vom heimatlosen Bären

Es war einmal ein Bär, der tappte im Wald umher.	*Langsam auf der Trommel schlagen*
Er fand seine Höhle nicht und war sehr müde. In der Nähe eines Sees legte er sich schlafen. Da hörte er ein blubberndes Geräusch.	*Eine „Wasserorgel" spielen, d. h. mit einem Strohhalm in ein gefülltes Glas mit Wasser blasen*
Was war das? Vielleicht ein Frosch? Der Bär sah nichts, denn es war schon dunkel. In der Ferne sang noch ein einsamer Vogel.	*Eine Flöte spielt (oder pfeifen)*
Dann schlief er ein. Er träumte einen schönen Traum. Zu leisen Tönen tanzte er beim Bärenfest mit seiner kuscheligen Bärenfrau.	*Gläserklavier (unterschiedlich mit Wasser gefüllte Gläser), Klangstäbe und Xylophon*
Doch dann wurden die Töne immer lauter.	*Trommel, alle Instrumente stimmen laut mit ein*
Die beiden Bären tanzten zu schnellen Rhythmen, bis sie vor Erschöpfung nicht mehr konnten. Dann gingen sie heim in ihre Höhle zu den Kindern.	*Nur Trommeln und Klanghölzer*
Die spielten mit Murmeln vor der Höhle.	*Rasseln*
In diesem Moment weckte laute Musik den Bären aus seinem Traum. Die Tiere des Waldes brachten ihm ein Ständchen.	*Alle Instrumente*
Der Fuchs war dabei, zwei Rehe, eine Ente, ein Grünspecht und natürlich auch ganz viele Hasen und Kaninchen.	*Verschiedene Instrumente spielen ein Solo*
Der Bär hatte nämlich Geburtstag. Als Geschenk brachten ihm die Tiere einen Plan vom Wald mit, hübsch in grüne Blätter verpackt.	*Rascheln mit Papier*
Die Höhle des Bären war rot eingezeichnet. So würde er sich nie mehr verlaufen. So ein schönes Geburtstagsgeschenk hatte der Bär noch nie bekommen.	*Gong als Schlussakkord*

Marmeladenraub

Rainer Johann Gross

Ein Zwerg ist alleine zu Hause. Er will die Gelegenheit nutzen und heimlich von Schneewittchens selbstgemachter Marmelade naschen. Dazu muss er in die Küche schleichen und auf den Stuhl steigen, denn der Marmeladentopf steht auf dem Schrank.

Der Zwerg schaut sich vorsichtig um,	
ob jemand da ist.	
Niemand! Vorsichtig schleicht er los.	*Leises Schaben auf der Trommel*
Er bleibt stehen und hört, ob sich	
jemand nähert.	*Lauschen – ein leiser Triangelschlag*
Die Hände legt er dazu an die Ohren.	
Niemand zu hören. Er schleicht weiter.	*Wieder schaben*
Er übersieht eine Vase.	
Krachend schlägt sie auf den Boden.	*Ein Beckenschlag, oder alle Instrumente lärmen*
Er verzieht ängstlich sein Gesicht.	
Schnell werden die Scherben unter den	*Scheuern auf der Trommel und*
Tisch gekehrt.	*Klappergeräusche (Scherben)*
Niemand hat's gemerkt.	
Weiter geht's in die Küche.	
Am Ziel! Schnell auf den Stuhl	
(und hoch zum Tisch) klettern.	*Lauf auf dem Xylophon aufwärts*
Endlich kann er von der Marmelade naschen.	*Kratzen auf einer Trommel oder drehen der Rasseln*
Genug genascht, mal herumgeschaut,	
ob jemand kommt?	
Niemand! Schnell schleicht er fort.	*Xylophon abwärts*
Leise verschwindet er in irgendeinem Eck.	
Er braucht jetzt einen Mittagschlaf.	*Guiro, das ist die Ratsche in Gurkenform,*
	imitiert ein Schnarchen

Spielanregung

Der Erwachsene liest die Geschichte vor. Von einem Kind wird die Story gespielt. Eine Gruppe macht eine „Begleitmusik" mit Hilfe von Orff- oder selbstgebauten Instrumenten. Die Stelle, an der die Vase zerdeppert, ist der spannendste Moment für die Kinder. Hier dürfen sie nach Herzenslust Krach machen.

Es ist hilfreich, die Geschichte in eine „Zeichenschrift" umzusetzen. Jedem Geräusch wird ein bestimmtes Zeichen zugeordnet, so dass die Kinder die Geschichte selbst „lesen" bzw. nachspielen können. Sie können eigene Wendungen erfinden und Elemente in die Geschichte einbauen. Eine weitere Möglichkeit besteht darin, das Stück erst mit Text zu spielen und wenn der Verlauf klar ist, die Sprache wegzulassen. Das musikalische Stück könnte ohne Text bei passender Gelegenheit den Eltern vorgespielt werden, die dann im Anschluss raten müssen, was sie gerade gehört haben.

Die Liebe zwischen Kontrabass und Flöte

15

Wolfgang Hering

1. Es hat ein dicker Kontrabass
sich richtig mal verliebt.
Dum dum dum dum ...
Er mag die kleine Flöte,
was es nicht alles gibt.
Didel didel etc.

2. Der Bass, der sagt zur Trommel:
„Kennst du die Liebe auch?
Dum dum dum dum ...
Ach, wenn die Flöte spielt,
da kribbelt es mir im Bauch.“
Didel didel etc.

3. Die Trommel sagt: „He Bass, du,
die passt doch nicht zu dir.
Dum dum dum dum ...
Ist viel zu klein, die Flöte,
die geht vielleicht mit mir.“
Didel didel etc.

4. Da spricht der Bass die Flöte an:
„Ich lieb dich immer mehr.“
Dum dum dum dum ...
Die Flöte sagt: „Warum denn nicht?
Du Bass, ich mag dich sehr.“
Didel didel etc.

5. Sie musizier’n gemeinsam,
es ist die große Pracht.
Dum dum dum dum ... / Didel didel etc.
Und spiel’n so schön zusammen
bis in die tiefe Nacht.
Dum dum dum dum ... / Didel didel etc.

Spielanregung

Den beiden Instrumenten Kontrabass und Flöte entspricht jeweils eine kleine, einfache Melodie auf die Silben „dum dum ..." bzw. „didel didel dei". Beide Varianten passen harmonisch zusammen und können am Schluss gemeinsam gesungen werden. Zwei Gruppen üben jeweils eine Melodie ein, und das Stück wird mit den verteilten Rollen angestimmt.

Cowboy Joe und Little Jim

Cowboy Joe läuft lässig in den Salon ein.	*Trommel schlägt langsam*
Sein Colt steckt im Gürtel. „Whiskey, eyh!" ruft er zum Mann hinter der Theke.	
Joe kippt sein Glas in einem Zug hinunter.	*Gluck, gluck*
Plötzlich schleicht sich Little Jim an Joe heran und versucht seinen Colt zu stehlen.	*Auf der Trommel, kratzende Geräusche machen*
Doch Joe ist schneller, dreht sich blitzschnell um und sagt: „Hey Jim, was willst du?"	
Jim stottert erschrocken, dass er nur sein Glas greifen wollte. Joe spielt mit seinem Colt.	*Ratsche*
In diesem Moment löst sich ein Schuss	*Schuss mit dem Mund imitieren*
und trifft Joe in seinen großen rechten Cowboystiefel. Joe schreit auf.	*„Aua" rufen*
Jim springt auf.	*Pfeife von unten nach oben trällern*
Da hilft nur noch der Doktor. Er nimmt Joe auf seinen Rücken, wirft ihn über sein Pferd, reitet zum Doktor und bringt ihn die Treppen hinauf in die Praxis.	*Mit einem Melodie-Instrument (z. B. Xylophon) von tief nach hoch spielen*
Der sieht sich die Wunde von Joe an und sagt: „Halb so schlimm. Die Cowboystiefel haben das Schlimmste verhindert." Joes Fuß	
wird verarztet und er humpelt aus dem Krankenzimmer.	*Klanghölzer klopfen* *„Windgeräusche" nachmachen*

Joe steigt auf sein Pferd.	
Jim springt ebenfalls auf sein Pferd,	*Pfeifen, hui*
das vor dem Salon wartet, und zündet sich	
eine Zigarette an, muss dabei aber	*Luft auspusten*
kräftig husten.	*Mithusten*
Joe und Jim geben ihren Pferden gleichzeitig die	*Mit der Zunge schnalzen*
Sporen, und dann geht es ab – durch die Wüste,	*Rasseln*
an den Klapperschlangen und Kakteen vorbei	*Kastagnetten oder Klanghölzer*
in die Berge.	
Dort treffen sie eine verlorene Kuh und Joe	*Schellen, evtl. Kuhglocke*
fängt sie mit dem Lasso ein.	
Sie treiben sie zu seiner Ranch und Jim	*Dam dam dam ... (Westernmelodie singen)*
schmeißt sich auf die Wohnzimmercouch	
und lässt sich seine Schlappen und den Kaffee	
mit dem Verwöhnaroma bringen.	*Xylophon spielt schöne Melodie.*

Spielanregung

Zunächst wird besprochen, was einen Western überhaupt auszeichnet. Dann wird das Stück – wie angegeben – mit dem vorhandenen Instrumentarium interpretiert. Oder jeweils ein markantes Instrument wird den beiden Cowboys Jim und Joe zugeordnet. Beide Klänge sollten sich akustisch gut voneinander unterscheiden. Immer wenn der entsprechende Name auftaucht, muss der Spieler sein Instrument betätigen.

Instrumentenkonzert

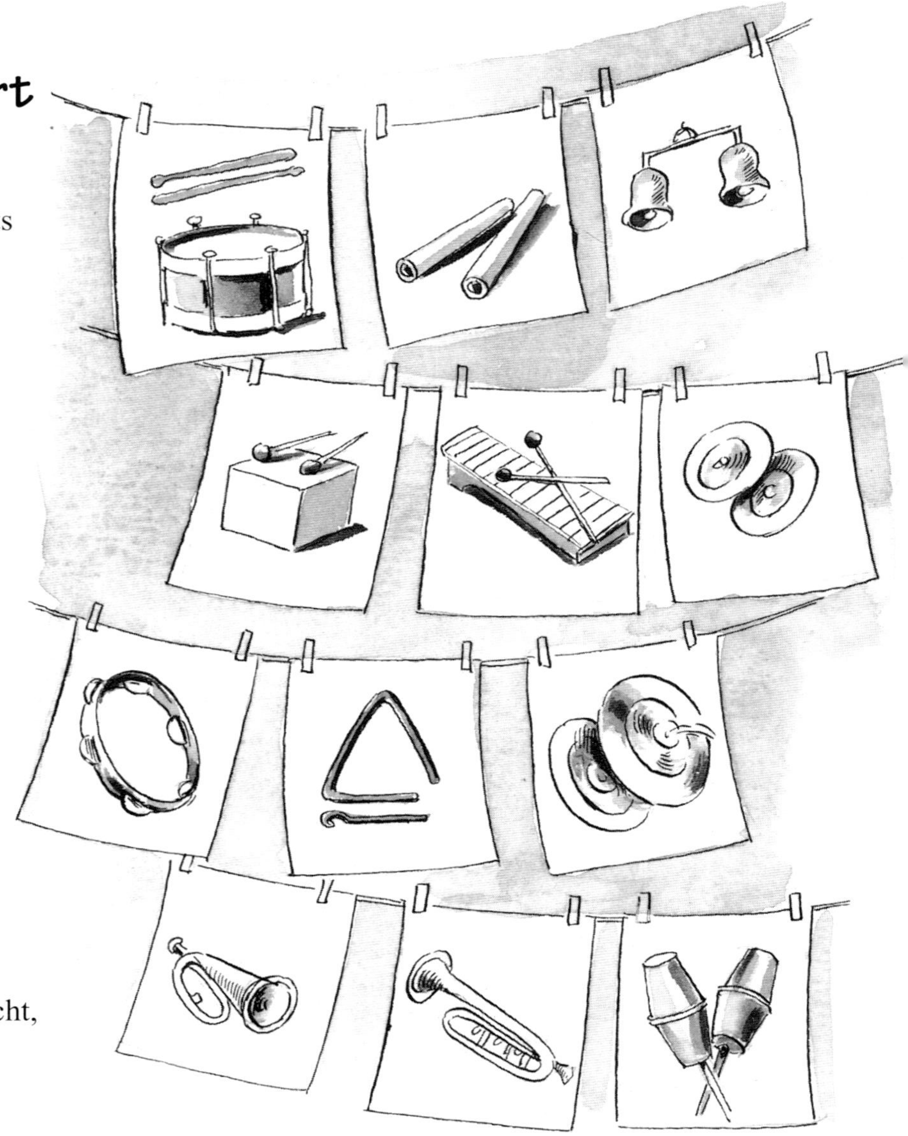

Schon lange steh'n im Keller
Musikinstrumente rum.
Von Staub bedeckt wird eines Nachts
es allen dort zu dumm.
„Wir wollen endlich spielen."
Die Lust hat sie gepackt.
Die Trommel macht den Anfang
und trommelt fest im Takt.
Die Klanghölzer, sie wachen auf
und schlagen kräftig mit.
Das Glockenspiel, das spielt dazu,
klingt höher Schritt für Schritt.
Die Holzblocktrommel spielt
mit einem warmen Ton.
Die Xylophone steigen ein,
das ist die Sensation.
Die Fingercymbeln machen
zusammen einen Tanz,
da möchte auch nicht fehlen
der kleine Schellenkranz.
Die Triangel, sie klingt
beim Spielen ganz schön lang.
Das Becken, das hat ebenfalls
den superlangen Klang.
Die Tröten klingen auch nicht schlecht,
trompeten mit ganz fest.
Die Rasseln legen auch noch los,
dann kommt der ganze Rest.

Spielanregung

Dieses Gedicht ermöglicht es, die wichtigsten Orff- und sonstigen vorhandenen Instrumente vorzustellen und ein kleines Konzert zu inszenieren. Wenn nicht alle Instrumente zur Verfügung stehen, können vielleicht Bilder gezeigt werden. Am besten das Gedicht vorlesen und an den entsprechenden Stelle eine Pause für das Spielen der vorhandenen Instrumente lassen.

Wie unterscheiden sich die Klänge? Welche Instrumente haben feste Melodietöne? Welche Klangkörper werden eher rhythmisch eingesetzt?

Die Frankfurter Stadtmusikanten

Georg Feils

Es war einmal eine Trompete, die war alt und verbeult. Keiner wollte sie mehr haben, und deswegen wurde sie auf den Sperrmüll geworfen. Sie lag am Straßenrand und begann zu weinen. Aus dem verbeulten Mundstück flossen ein paar Tropfen Spucke. Da hörte sie hinter sich eine traurige Stimme. Es war ein Xylophon mit gebrochenem Klangstab.

T.: „Wie heißt du?

X.: „Xylophon."

T.: „Und ich heiße Trompete. Ich lag jahrelang auf dem Speicher und dann bin ich weggeschmissen worden."

X.: „Und ich habe ein paar Jahre in einem feuchten Keller zugebracht, bevor ich hier im Straßengraben gelandet bin."

T.: „Vielleicht können wir zusammen Musik machen, um so das Geld für eine gründliche Reparatur zu verdienen."

X. „Aber, wo sollen wir spielen?"

T.: „Ich weiß schon, in Frankfurt."

Die beiden marschierten also los, immer die Straße lang in Richtung Frankfurt.
Vorne ging die Trompete und hinter ihr her humpelte das Xylophon.
Als sie eine Weile gegangen waren, hörten sie ein lautes Schimpfen. Dann quietschte eine Bremse, eine Wagentür wurde geöffnet und eine Trommel landete krachend auf dem Asphalt. Sie rollte direkt vor die Trompete und das Xylophon. Warum nur war sie weggeschmissen worden? Bloß weil sie schon etwas älter war?

T.: „Willst du mit uns nach Frankfurt kommen?"

X.: „Und Stadtmusikant werden, so wie wir?"

Tr: „Jaaaaaaaaaaaa", antwortete die Trommel.

Die drei Instrumente marschierten also los, immer die Straße lang in Richtung Frankfurt. Zuerst die Trompete, dann das Xylophon und schließlich die Trommel.
Nach einiger Zeit sahen sie einen Jungen, der die Straße überquerte. Auf seinem Rücken ein Schulranzen, und der war nicht zu. Aus dem geöffneten Schulranzen heraus sprang mit elegantem Satz eine Blockflöte. Sie landete gekonnt genau neben den drei Wanderern.

F.: „Puuuh, den bin ich los, na was ein Glück! Der Stinker hat mir das ganze Mundstück zerkaut. Und ihr, was ist mit euch?“
T.: „Wir gehen nach Frankfurt.“
X.: „Und dort werden wir Stadtmusikanten.“
Tr.: „Dann lassen wir uns reparieren und werden berühmt.“
F.: „Der Plan gefällt mir, wenn ihr nichts dagegen habt, dann komme ich mit.“

Natürlich hatte niemand etwas dagegen, und so waren es jetzt Viere, die die lange Straße entlang marschierten, immer in Richtung Frankfurt. Zuerst ging die Trompete, dann das Xylophon, danach die Trommel und am Ende die Flöte. Schließlich standen sie vor einem großen Berg, und das war der Feldberg. Mühsam stapften sie den steilen Berg hoch. Als sie endlich den Gipfel erreicht hatten, kam eine heftige Windbö und riss sie um, so dass alle miteinander auf der anderen Seite den Berg hinabkullerten. Mit großem Getöse landeten sie geradewegs in der U3, der U-Bahn aus Frankfurt. Die stand mit geöffneten Türen an der Haltestelle und wartete auf die Abfahrt in Richtung Innenstadt. In der U-Bahn saßen siebzehn Straßenbahnschaffner. Die schimpften und beschwerten sich, dass die Kinder immer so laut wären. Dabei machten sie einen solchen Krach, dass sie die Instrumente beinahe überhört hätten. Die siebzehn Schaffner waren empört. Musikinstrumente in der U-Bahn. Das war verboten! Und Fahrscheine hatten sie auch nicht.

Da beschlossen die Schaffner, den Instrumenten den Garaus zu machen und sie auf die Gleise zu legen. Schon kamen die siebzehn starke Kerle auf sie zu, um sie zu packen. Ängstlich jaulte die Trompete, das Xylophon schluchzte und die Trommel wimmerte. Die Flöte aber flüsterte ihren Freunden etwas zu. Und genau in dem Moment, als 34 Fäuste sich nach ihnen streckten, erscholl eine Musik, wie sie lauter und schrecklicher noch nie zuvor gehört worden war. Die Schaffner wurden kreidebleich, hielten sich die Ohren zu und stürzten Hals über Kopf aus der Bahn. Die Freude über diesen Sieg war bei den alten Instrumenten riesig und sie spielten einen lauten Tusch. Und kaum hatten die Schaffner die Bahn verlassen, da fuhr diese auch schon los.

Auf dem Weg nach Frankfurt übten die Vier fleißig und als sie schließlich an der Hauptwache ausstiegen, da klangen sie schon ganz gut miteinander. Vor dem großen Kaufhaus stellten sie sich auf und begannen mit ihrem Konzert. Und jeder, der sie hörte, blieb stehen. Es war wie verhext. Niemand blieb von der Musik unberührt. Die Leute klatschten und tanzten, und wer ein Instrument hatte, spielte mit. Schon nach kurzer Zeit war die Fußgängerzone voll mit singenden und spielenden Menschen: Omas, Opas, Kleinkinder, Polizisten, Bankdirektoren, Straßenkehrer, Bauchladenhändler, Kellner ... alles tanzte und war vergnügt. Und als die Musik schließlich endete, da spendeten die Leute reichlich Beifall und Münzen. Als die Vier zusammengezählt hatten, da reichte es für die besten Instrumentenbauer in der Stadt. Die Trompete wurde fachgerecht ausgebeult und bekam einen Satz neue Ventile, das Xylophon wurde mit Klangstäben aus edelsten Hölzern ausgestattet, die Trommel bekam neue Felle und obendrein eine nagelneue Lackierung und die Flöte gar einen komplett neuen Kopf.

Seit der Zeit kann man die vier Instrumente an jedem Samstag an ihrem Stammplatz vor dem großen Kaufhaus stehen sehn. Und wenn sie nicht gestorben sind, dann spielen sie da noch heute.

Spielanregung

Um diese Geschichte klanglich umzusetzen, braucht es etwas Zeit und Geduld. Aber das Ergebnis kann sich dann sicher sehen und hören lassen. Welches die vier Instrumente sind, die da nach Frankfurt gehen, um Musikant zu werden, hängt vom vorhandenen Instrumentarium ab. Natürlich gibt es auch die Möglichkeit, selbst die Klangkörper zu basteln. Falls nicht alle Instrumente zur Verfügung stehen oder gespielt werden können, wird z. B. die Trompete mit dem Mund nachgeahmt, statt Flötenspiel gepfiffen. Für kleinere Kinder gibt es eine gestraffte, kürzere Fassung, die mit viel Rambazamba umgesetzt wird.

Folgende Passagen der Geschichte bieten sich besonders zum Musizieren an:

- Dialoge (die Instrumente werden gleichzeitig zum Sprechtext gespielt).
- Das Spielen der Instrumente wird dargestellt. Sie marschieren nach dem Prinzip der Kette hintereinander her.
- Die Instrumente klettern auf den Feldberg, indem sie immer höher spielen. Dann kullern sie den Berg hinunter (tiefere Töne) und landen mit Getöse in der U-Bahn.
- Wenn sie Angst haben, dann drücken sie das auch musikalisch aus, z. B. mit leiseren oder abschwellenden Tönen.
- Wenn der Tusch ertönt, der die Schaffner erschrecken soll, wird eine Terz gespielt. Für das Musizieren in Frankfurt bietet sich eine ganz einfache Melodie an.

Die Abwandlung der Bremer Stadtmusikanten stammt übrigens von dem Frankfurter Musiker Georg Feils, genannt Ferri.

Geschichten im Turbogang

Wenn wir fahr'n, fahr'n, fahr'n

Pferderennen

Die Pferde sind unruhig.	*Aufgeregt mit den Füßen trampeln*
Der Startschuss fällt.	*Rückwärts zählen und dann ein lauter Klatscher*
Alle laufen los.	*Mit den flachen Händen auf die Knie klopfen*
Linkskurve.	*Alle gehen mit dem Oberkörper in eine Linkslage und patschen weiter*
Jetzt kommt ein Hindernis.	*Die Arme werden über den Kopf hochgezogen. Alle rufen: „Woooh"*
Anlauf, Sprung und Landung.	*Dann landen die Hände wieder auf den Knien*
Eine Doppelhürde!	*„Woooh hopp – woooh hopp" bei „hopp" auf die Knie patschen*
Jetzt kommt der Wassergraben.	*Das „Woooh" ganz lang ziehen und bei „Hopp" landen*
Die Zuschauer jubeln.	*Mit den Armen winken, Jubelschreie ausstoßen*
Endspurt.	*Schneller auf die Knie schlagen*
Durch die Ziellinie laufen und langsam austraben.	*Immer langsamer trampeln*

Wenn wir fahr'n fahr'n fahr'n

16

mündl. überliefert

Wenn wir fahr'n, fahr'n, fahr'n
mit der Bahn, Bahn, Bahn
in das schöne Land Tirol, juhé.
Da begegnen wir
einer Sängerin
und dem Sängerchor Ahoi.

Spielanregung

Die Gestaltung dieses Klatschliedes geht über acht Taktschläge und beginnt immer wieder von vorne. Zu beachten ist, dass jeweils der Auftakt berücksichtigt werden kann oder auch nicht, d. h. die Klatschkombination kann bei „Wenn wir ..." oder auch bei „fahr'n, fahr'n ..." anfangen. Der Charakter der rhythmischen Betonung ändert sich damit immer wieder.

Abfolge:

1. In die eigenen Hände klatschen
2. Überkreuz klatschen
3. Wieder in die eigenen Hände klatschen
4. Überkreuz klatschen – andere Hand
5. Die Arme kurz verschränken
6. Auf die Oberschenkel patschen
7. In die Hände klatschen
8. Hände auf die Schultern legen, die rechte Hand auf die linke Schulter und umgekehrt.

Das Lied wird immer schneller gesungen. Die Abfolge der Klatschbewegungen kann natürlich auch vereinbart werden.

Knopffabrik

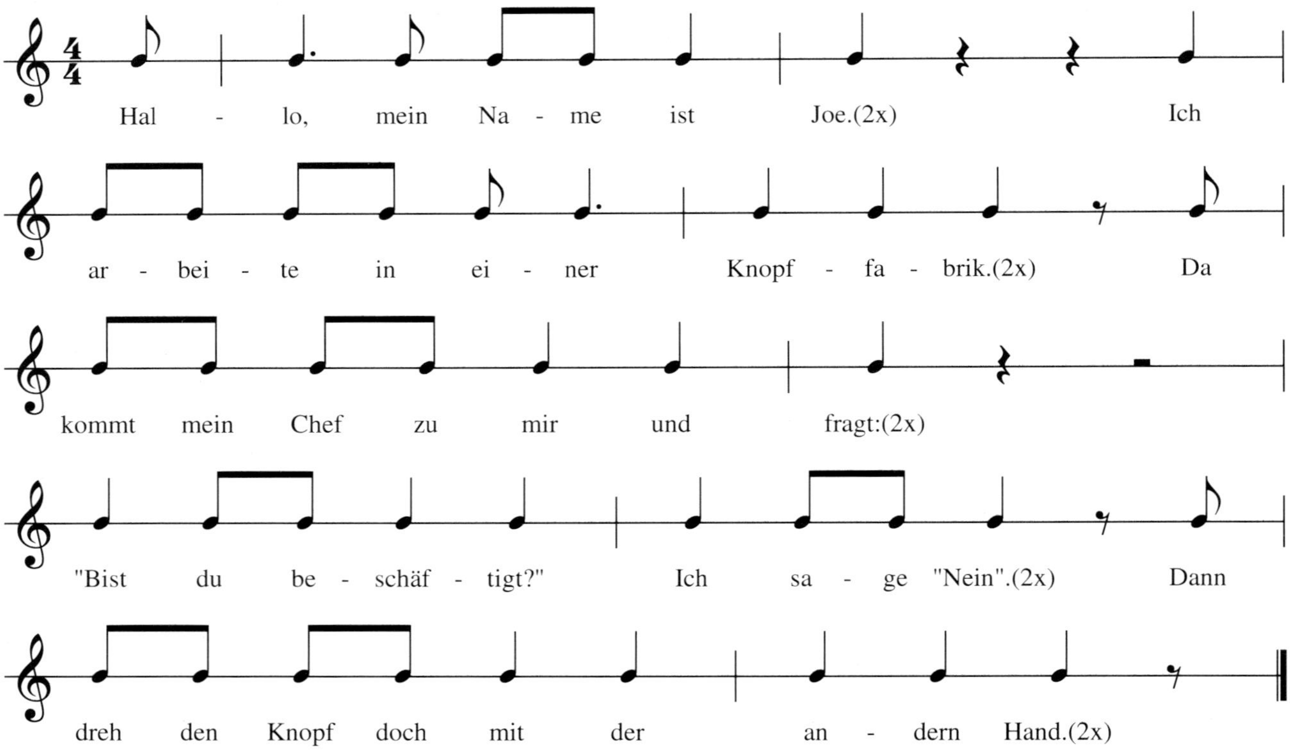

Refrain:	
Hallo, mein Name ist Joe. (2 x)	*Mit einer Hand Maschine bedienen*
Ich arbeite in einer Knopffabrik. (2 x)	*und fortlaufend an einem Knopf drehen*
Da kommt mein Chef zu mir und fragt: (2 x)	
„Bist du beschäftigt?“ Ich sage: „Nein.“ (2 x)	*Kurz mit dem Kopf schütteln*
1. „Dann dreh den Knopf doch mit der andern Hand.“	*Mit anderer Hand drehen*
Hallo, mein Name ist Joe ...	
2. „Dann dreh den Knopf doch mit dem Fuß.“	*Auf einem Bein stehen, anderen Fuß drehen*
3. „Dann dreh den Knopf doch mit dem Kopf.“	*Zusätzlich den Kopf drehen*
4. „Dann dreh den Knopf doch mit dem ganzen Körper.“	*Was geht, noch zusätzlich bewegen*
Schluss:	
Hallo, mein Name ist Joe. (2 x)	*Bewegungen werden so gut es geht*
Ich arbeite in einer Knopffabrik.	*fortgesetzt*
Da kommt mein Chef zu mir und fragt:	
„Bist du beschäftigt?“ Ich sage: „Ja.“	*Alle sinken erschöpft zu Boden*

Spielanregung

Dies ist ein Sprechgesang mit gleichzeitigem Bewegungsablauf. Einer spricht den Text vor. Die anderen antworten als Echo und machen alle Bewegungen *gleichzeitig* (einschließlich der vorhergehenden) mit. Es kommen im Laufe des Stückes immer mehr Bewegungen hinzu. Die Kinder brauchen also gute Kondition. Am Schluss sind alle völlig geschafft.

Wespennest

Rainer Johann Gross

Ein paar Wanderer laufen durch den Wald.

Alle spielen eine selbsterfundene Wandermusik

Am See möchten sie sich ausruhen, legen sich ins Gras und beginnen zu schnarchen.

Schnarchen beim Einatmen: einmal reiben auf dem Guiro (das ist die Ratsche mit integrierten Rillen), beim Ausatmen: einmal leises Blasen auf einem Flötenkopf, mehrmals wiederholen

Die Ruhe währt nicht lange. Über ihnen im Baum hängt ein Wespennest

Wespensummen: kurzes, schnelles Hin- und Herreiben auf dem Xylophon

und schon wird einer gestochen.

Ein lauter Pauken- oder Trommelschlag und alle Instrumente spielen wild durcheinander

Blitzschnell springt der Gestochene auf und läuft davon.

Wildes Spiel auf dem Metallophon,

Ein Sprung ins Wasser rettet ihn.

das nach und nach ruhiger wird.

Spielanregung

Während die Geschichte erzählt wird, läuft ein Teil der Mitspieler als Wanderer durch den Raum. Die anderen Kinder begleiten die Geschichte mit Orff-Instrumenten. Die Wanderer werden müde. Sie legen sich ruhig hin, schlafen und schnarchen. Das Wespensummen lässt die Kinder aufhorchen. Wild schreiend stürmen die von den Wespen verfolgten Wanderer los. Ein gestochenes Kind springt ins Wasser. Die anderen folgen. Alle schwimmen den wasserscheuen Wespen davon. Der Versuch lohnt sich, die Sprache wegzulassen und die Geschichte – mit den Instrumenten interpretiert – einer anderen Gruppe oder Erwachsenen zum Raten vorzuspielen.

Die Kuh auf der Wiese

17

Text: mündl. überliefert/W. Hering
Musik: mündl. überliefert

Refrain:
Was ist das, es steht auf der Wiese
und kann kaum noch steh'n?
(zweimal)

1. Ist 'ne Kuh, ist 'ne Kuh mit 'nem hohen Stöckelschuh (dreimal),
sowas hab'n wir überhaupt noch nicht geseh'n.

Ja, da lacht der ganze Hühnerhof, und der Ochs, der schreit: „Na nu!“
Ja, da steht nur diese eine Kuh mit dem hohen Stöckelschuh,
mit dem hohen Stöckelschuh, mit dem hohen Stöckelschuh.

2. Ist ein Hahn, ist ein Hahn
mit ‘nem großen spitzen Zahn ...
Ja, da lacht der ganze Hühnerhof und der Ochs, der schreit: „Na nu!“
Ja, da steht nur dieser eine Hahn mit ‘nem großen spitzen Zahn,
mit ‘nem großen spitzen Zahn, mit ‘nem großen spitzen Zahn,

3. Ist ‘n Schwein, ist ‘n Schwein
mit ‘nem weißen Gipsbein ...

Spielanregung

Dieses Lied habe ich in Ostdeutschland kennengelernt. Es hat drei verschiedene Teile. Leicht kann man sich neue Strophen ausdenken, was alles Verrücktes auf der Wiese stehen könnte. Wer Lust hat, kann versuchen, die komischen Tiere auf der Wiese zu zeichnen.

Häuptling Staubwolke

Leise rauschen die mächtigen Ahornriesen am Rande der Prärie.	*Mit den Armen die Baumkronen darstellen* *Wie im Wind schwanken lassen*
Die Vögel beginnen zu zwitschern.	*Pfeifen*
Häuptling Staubwolke reckt sich auf seinem Lager und gähnt.	*Gähnen*
Er schaut aus dem Zelt und ruft: „Uff!“,	*Rufen*
denn die Sonne steht schon hoch am Himmel, und heute wollen sie doch Wildpferde fangen.	*Hand über die Augen legen*
Der Häuptling stimmt seinen Indianerruf an. Sein Stamm antwortet ihm.	*Indianergeheul. Eine Hand tippt dabei mehrmals auf den Mund*
Die Pferde sind unruhig. Sie scharren mit den Hufen und wiehern.	*Scharren mit den Füßen* *Wiehern*
Alle Indianer schwingen sich gleichzeitig auf ihre Pferde und jagen los.	*Mit den Fingern schnalzen und mitreiten: Die Hände schlagen auf die Knie*
Bald kommt ein lichter Wald, durch den ein Fluss tobt.	*Gegen die Brust trommeln*
Die Pferde traben über eine Holzbrücke.	*Fäuste aufsteigend übereinandersetzen*
Auf der anderen Seite geht es langsam weiter.	*Hände schlagen auf die Knie*
Oben angelangt spähen die Indianer ins Land.	*Auf die Stühle steigen und spähen*
In einer Mulde sehen sie eine Herde Wildpferde. Die Indianer steigen von ihren Pferden und schleichen sich an die Herde heran.	*Mit den Handflächen über die Beine streichen*

Da stößt Häuptling Staubwolke seinen Indianerruf aus, den sein Stamm wiederum beantwortet.	*(wie oben)*
Mit wüstem Gebrüll und Lassoschwingen versuchen sie die Pferde zu fangen.	*Gebrüll* *Lasso pantomimisch schwingen lassen*
Das Getöse und Gebrüll verebbt. Endlich sind die Pferde gefangen.	
Häuptling Staubwolke stößt seinen Indianerruf aus. Dann werden die Pferde zusammengetrieben	*(wie oben)* *Wiehern, rufen und beruhigend* *Auf die Pferde einreden*
und heim geht es, den Abhang hinunter, über die Holzbrücke durch den lichten Wald und über die Prärie zum Zeltplatz.	*Fäuste untereinandersetzen* *Fäuste auf die Brust schlagen*
Der Häuptling stößt noch einmal seinen Schrei aus, und alle Krieger antworten.	*(wie oben)*
Die Pferde werden auf die Weide getrieben.	*Rufen, wiehern*
Die Indianer sind erschöpft und legen sich um das Lagerfeuer. Sie murmeln leise, dann wird es still.	*Flüstern*
Die Indianer träumen und denken an ihre gefangenen Pferde.	*Schlafgeräusche*
Leise erklingt zum Abschluss noch einmal der Indianerruf. Die mächtigen Ahornriesen rauschen im Wind.	*(wie oben)*

Spielanregung

Die Geschichte vom Häuptling Staubwolke wird von einem Erwachsenen vorgelesen und – wenn möglich – gibt eine zweite Person die Bewegungen vor, die dann die gesamte Gruppe direkt mitmachen kann. Wer sie in groben Zügen auswendig kennt, kann auch beides in einer Person ausführen. Die Kinder sitzen am besten im Kreis auf Stühlen, die auch mal kurz zum Ausspähen bestiegen werden. Am Schluss schläft die ganze Meute friedlich ein. Beim Indianerruf könnte auch ein Gesang angestimmt werden, z. B. „Heja, heja, heja, heja he".

Wer Lust hat, kann dazu noch einen Indianertanz tanzen, z. B. jeweils zweimal mit dem rechten und dem linken Fuß abwechselnd stampfen und sich dabei im Kreis bewegen.

Nashorn und Krokodil

Alle gehen durcheinander in einem „Tierpark". Dort leben ein Nashorn und ein Krokodil. Das Nashorn wird durch langsame und das Krokodil durch schnelle Trommelschläge symbolisiert.

Spielanregung

Hören die Kinder das Nashorn, d. h. langsame Trommelschläge, dann stellen sie sich als Baumstamm hin. Die Arme sind die Äste, die nach unten zeigen. Die Ellenbogen sind angewinkelt und werden zur Seite ausgestreckt. Hören die Kinder ein Krokodil, d. h. schnelle Trommelschläge, dann fangen sie schnell zu schwimmen an, indem sie entsprechende Arm- und Beinbewegungen machen. Sind keine Trommelschläge zu hören, gehen alle wieder kreuz und quer durch die Gegend.

Variante: Weitere gefährliche Tiere erfinden und entsprechende Bewegungen ausdenken.

Indianerdosentanz

Drei Dosen werden mit unterschiedlichen Materialien gefüllt, z. B. mit Reis, Kronkorken und mit Tischtennisbällen. Drei Kinder übernehmen die „musikalische Begleitung". Die anderen bewegen sich dazu.

Spielanregung

Verschiedene Gangarten und Bewegungselemente sollen mit dem Klang der drei Dosen verbunden werden:
1. Wenn die Dose mit Reis erklingt, schleichen alle kreuz und quer durch die Prärie.
2. Wenn die Kronkorken zu hören sind, stampfen alle langsam durch den Sumpf.
3. Bei den Tischtennisbällen hüpfen alle auf einem Bein.

Für die Musikanten gilt: Es dürfen möglichst keine Dosen gleichzeitig erklingen. Wenn ein Klang zu hören ist, wird die entsprechende Bewegung von der Gruppe ausgeführt. Beginnt eine andere Dose zu spielen, muss der vorherige Dosenspieler wieder aufhören.

Dazu kann ein Indianergesang angestimmt werden, z. B. „Heja, heja, heja, heja he".

Drachenjagd

Wir sind in unserer Wohnung und ziehen uns an.	*Die Kinder bestimmen die Kleidung* *und stellen das Ankleiden dar*
Jetzt gehen wir durch die Wohnung bis zur Tür.	*Mit den Händen auf die Beine klatschen*
Die Tür wird geöffnet und wieder abgeschlossen.	*Mit der Hand darstellen und mit dem Mund* *knarrende Geräusche machen*
Der Schlüssel wird umgedreht. Den Schlüssel stecken wir in die rechte Hosentasche.	

Nun steigen wir die Treppe hinunter und öffnen die Haustür.	*Die Kinder bestimmen die Anzahl der Stufen, entsprechend oft mit den Füßen stampfen*
Die Tür öffnet sich wieder knarrend. Wir schließen die Haustür ab und stecken den Schlüssel in die linke Hosentasche.	
Wir laufen bis zum Straßenrand. Halt, hier müssen wir warten.	*Klatschen und stop*
Wir sehen nach links und nach rechts und wieder nach links.	*Schauen*
Da kommt ein Auto. Wir warten, bis es vorüber ist und sehen nach links und nach rechts und wieder links.	
Es ist frei. Wir gehen über die Straße.	*Klatschen.*
Auf der anderen Seite spazieren wir in den Park.	
Wir gehen durch ein Matschfeld,	*Mit dem Mund: quietsch – quatsch – quietsch*
über eine Wiese,	*Hände reiben*
einen Berg hinauf.	*Auf die Beine patschen – immer langsamer werden*
Der Berg wird steiler und steiler. Plötzlich kommt ein großes Loch. Das ist ein großer runder Krater. Hier war wohl früher ein Vulkan. Feuer und Asche kamen hier heraus. Wir tasten uns langsam weiter.	*Mit beiden Händen tasten*
Plötzlich steht ein großes Ungetüm vor uns.	
„Iiiiiiih!“	
„Iiiiiiiiiiiiiiiiiih!“, – das ist ja ein Drache!	*Händе vor's Gesicht*
Wir laufen den Weg zurück: Berg hinunter, Matschfeld, Wiese, Straße.	*Geräusche in umgekehrter Reihenfolge*
Alles stopp!	*Einmal fest klatschen*
Links schauen, nach rechts schauen und nochmals nach links schauen.	
Alles ist frei. Über die Straße gehen, Schlüssel aus der linken Tasche holen, aufschließen, die Treppe hinauf, Schlüssel aus der rechten Tasche ziehen. Aufschließen. Türe zu. „Uuuuuffff – geschafft!“	*Alles darstellen und entsprechende Geräusche nachmachen*

Spielanregung

Dies ist ein Beispiel, wie in eine spannende Bewegungsgeschichte Regeln der Verkehrserziehung einfließen. In unserer Version können die Kinder Teile der Geschichte mitgestalten. Nach ein bisschen Übung kann der zweite Teil schneller ablaufen.

Eins, zwei, drei – vorbei

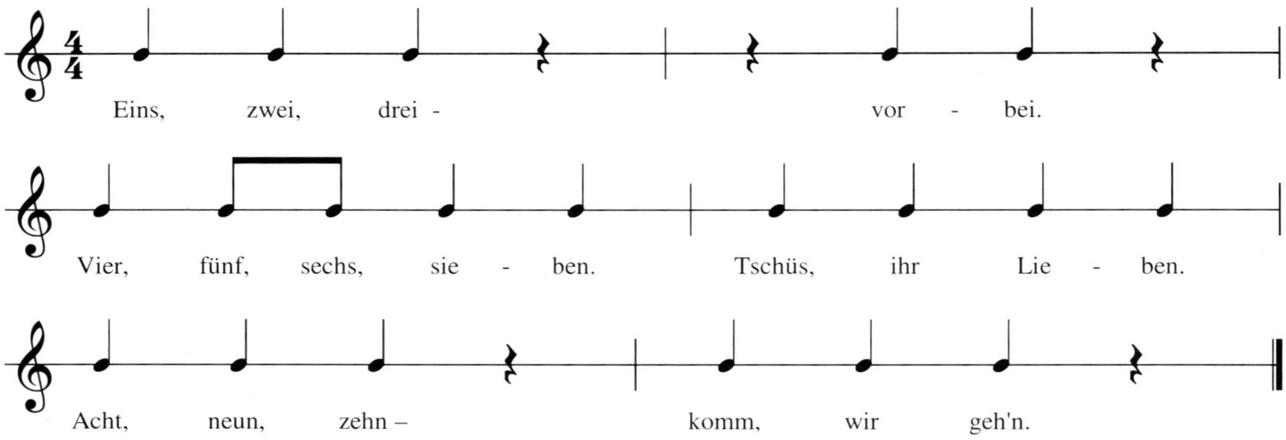

Eins, zwei, **drei** – vor**bei**.
Vier, fünf, sechs, **sie**ben.
Tschüs, ihr **Lie**ben.
Acht, neun, **zehn** – **komm**, wir **geh'n**.

Spielanregung

Der Vers (nach einer Idee von Carola Rupp) wird rhythmisch gesprochen und dabei geklatscht. Oder alle fassen sich im Kreis an den Händen und bewegen die Arme rhythmisch rauf und runter.

Nachwort

Sprache, Musik, Bewegung – eine Einheit

Eine der interessantesten Formen, Sprache, Musik und Bewegung zusammenzubringen, sind „Klatsch- und Klanggeschichten" – Stücke also, die gesprochen oder gesungen und gleichzeitig rhythmisch-musikalisch „begleitet" werden können. Geschichten sind den Kindern aus den Bilder- und Vorlesebüchern von klein auf bekannt. Intensiver kommen sie mit dramaturgischen „Verstärkungen" an, die z. B. in Bewegung umgesetzt werden. Faszinierend ist es, wenn Klänge von selbstgebauten oder vorhandenen Musikinstrumenten die Geschichte illustrieren.

Was wäre für uns Erwachsene ein Film ohne Filmmusik, ein Tanz- oder Theaterstück ohne musikalische Unterstützung, ein Radioprogramm ohne Jingles und Musikbeiträge? Und Kinder können die Klanggeschichten sogar mitgestalten, eigene Ideen einbringen und umsetzen.

Klang wird hier im weitesten Sinne des Wortes verstanden. Vom einfachsten Einsatz körpereigener Gesten bis zur Unterstützung mit technischen Hilfsmitteln wie Kassettenrekorder oder Musikkonserve.

Kinder sind fast immer bereit sich auf eine Geschichte einzulassen, ob vor dem Einschlafen, im Kindergarten, in der Schulstunde, beim Kinderfest. Ob die Stücke ankommen, hängt u. a. von folgenden Faktoren ab: Wortwahl, Sprachwitz, überschaubare Figuren, Perspektive der Personen, Bekanntheitsgrad der auftretenden Rollen, Spannung, Länge, ungewohnte Wendungen. Sind die meisten dieser Aspekte stimmig, dann hören Kinder aufmerksam zu und erleben den Fortgang der Geschichte hautnah mit. Manchmal wollen sie eine Geschichte immer wieder hören. Sie entwickeln Vorlieben und schalten sich in das Geschehen ein.

Klänge gehören zu den wichtigsten sinnlichen Erlebnissen, die Kinder von klein auf haben. Noch vor der Sprache lernen sie Geräusche als akustische Reize kennen, meist verbunden mit unterschiedlichen Gefühlen. Das Summen einer Lampe, der tropfende Wasserhahn, das Trampeln auf einer Treppe gehören ebenso dazu wie das Wahrnehmen von Musik.

Es ist inzwischen bekannt, dass Ungeborene im Mutterleib nicht nur von den vertrauten Stimmen der Eltern, sondern auch von bestimmten Musikstücken beruhigt werden. Dieses intensive Verhältnis zu Tönen, Geräuschen und Musik besteht weiter – es muss nur angeregt und aktiviert werden. Dabei macht es Kindern besonders viel Spaß, Klänge und Geräusche aus der Umwelt nachzuahmen, zum Beispiel Pferdegetrappel, Regentropfen oder Tierstimmen.

Bei den hier zusammengestellten Klatsch- und Klanggeschichten steht nicht so sehr das Erkennen von harmonischen und rhythmischen Grundstrukturen (z. B. im Hinblick auf das Erlernen eines Instrumentes) im Mittelpunkt. Es geht auch nicht nur um sprachliche Aspekte. Wichtig ist mir gerade das Zusammenspiel und die Balance zwischen den Polen Musik, Sprache, Bewegung und Spiel. Damit werden kognitive, motorische und emotionale Bereiche angesprochen.

Bei der Auswahl der Geschichten habe ich darauf geachtet, dass die Kinder nicht überfordert werden. Wortwahl und Struktur sollen altersgemäß sein.

Sprache hat ihren eigenen Klang, mit dem Gefühle ausgedrückt und Zwischentöne hervorgehoben werden. Eine Geschichte kann ohne Anteilnahme „geleiert“ oder aber auch mit viel Engagement vorgestellt werden. Pausen kündigen vielleicht dramaturgische Wendungen an. Eine frei erzählte Geschichte hat sehr viele Gestaltungsmöglichkeiten. Hören lässt Raum für die Phantasie und kann damit einen Gegenpol zu der herrschenden (Fernseh- und Video-)Bilderwelt schaffen.

Nach meinen Erfahrungen macht vor allem der Weg beim Musikmachen und Gestalten der Klanggeschichten viel Spaß, das Umsetzen einer spielerischen Verabredung zum Klatschen oder zum Einsatz von körpereigenen Klanggesten. Wenn dann noch eine kleine Aufführung oder das Aufzeichnen mit einem Kassettenrekorder dazukommen, ist das ein schöner Nebeneffekt aber nicht der einzige Anlass, eine Geschichte zu verklanglichen. Es geht viel Spontaneität und Kreativität verloren, wenn ausschließlich produktorientiert gearbeitet wird, statt besonders intensiv auf den Prozess des Entstehens zu achten.

Hinweise zum Buch

Viele der Stücke in diesem Buch habe ich in den letzten Jahren während meiner pädagogischen Arbeit kennengelernt, weiterentwickelt oder direkt von Kindern aufgezeichnet.

Im ersten Teil sind die Materialien zum Einstieg ohne großen musikalischen Aufwand mit einfachsten Mitteln musikalisch umsetzbar. Ob bei Stichwort- oder Zahlenstücken, die Spielideen sind am Text orientiert. Das Märchenkapitel lädt zu einer abwechslungsreichen Tour durch Königreiche, Gespensternächte und verrückte Zaubergeschichten ein. Das „ruhige Kapitel“ trägt dem Bedürfnis nach entspannenden und „stillen“ Anregungen Rechnung, z. B. um eine aufgedrehte Kindergruppe zur Ruhe und Konzentration zu bringen. Wer Materialien zum Toben sucht, findet sicher etwas im Abschlusskapitel.

Einige Klatsch- und Bewegungsspiele sind mit Notenwerten aufgezeichnet, damit die Rhythmisierung der Sprache deutlich wird. Wer keine Noten beherrscht, kann das Stück aber auch nach eigenem Duktus aufsagen.

Zum Gelingen der Spielanregungen trägt natürlich auch die Animation durch die Erwachsenen bei. Mit der vorgegebenen Geschichte und den Spielanregungen wird ein Rahmen aufgezeigt, der viele Interpretationen und Ausgestaltungen zulässt. Durch Wiederholungen und Abwandlungen lassen sich die Stücke verändern, z. B. mit einem neuen Schluss.

Bei der Verklanglichung einer Geschichte entsteht manchmal der Wunsch, die kleine Komposition in Zeichen festzuhalten. Mit Hilfe der Erwachsenen können Symbole für die Klanggesten, bzw. den Einsatz der Instrumente gefunden werden.

Das Buch ersetzt keine Materialien zur musikalischen Früherziehung oder zum Musikunterricht der Grundschule, vielmehr sind die Stücke als Ergänzung bestehender Ansätze zu verstehen.

Spezielle Aspekte zu einzelnen Themenbereichen

Klatschspiele
Beobachten Sie einmal die Klatschspiele von Kindern. Meistens sind zwei oder drei Kinder beteiligt. Die Partner stehen sich gegenüber und verabreden einen bestimmten Vers und eine Klatschbewegung, meist verbunden mit einer Spielidee. Man sieht den Kindern an, mit welchem Spaß sie bei der Sache sind, sich konzentrieren und ihre Bewegungen koordinieren.

Die Stücke und Spielregeln, insbesondere im fünften Kapitel, habe ich zum großen Teil von Kindern, meist Mädchen im Grundschulalter, gelernt und aufgezeichnet. Bei Klassikern wie „Bei Müllers hat's gebrannt“ oder „Auf einem Gummibaum“ sind verschiedene Versionen in Umlauf. Ich habe mich dann für eine möglichst interessante Fassung entschieden und eine Variante ausgewählt.

Die Klatschbewegungen können mit Anleitung auch von kleineren Kindern umgesetzt werden.

Hier die wichtigsten Grundschläge:
- In die eigenen Hände klatschen
- Gegeneinander mit je einer Hand abwechselnd über Kreuz klatschen
- Mit beiden Händen gleichzeitig gegeneinander
- Von oben nach unten, bzw. umgekehrt
- Die Finger verkreuzt gegeneinander klopfen

Klanggeschichten
Viele Geschichten haben eine überschaubare Handlung, wenige Akteure und eine einfache, bildhafte Sprache. Sie beinhalten meist akustische Reize, und hörbare Akzente spielen eine wichtige Rolle. Es gibt viele Wiederholungen. Wenn die Kinder nach „noch mehr“ verlangen: Viele Bilderbücher oder Märchen eignen sich zum Vertonen. Dabei können einzelne Teile weggelassen oder hervorgehoben werden.

Die musikalische Umsetzung unterliegt keinen Regeln. Einfache rhythmische Begleitung kann genauso spannend sein wie eine komplexere Musik, die von geübten Kindern gemeinsam mit der Gruppenleiterin richtig „komponiert“ wird.

Die verschiedenen Klänge können ganz unterschiedlich eingesetzt werden: ob laut oder leise, länger oder kürzer klingend, hoch oder tief, zunehmend oder abnehmend ... Klänge können schweben oder schwingen oder abrupt abbrechen. Die körpereigenen Klanggesten oder die mit der Stimme produzierten Geräusche erweitern die Variationsmöglichkeiten: schnipsen, schnalzen, klatschen, stampfen, kreischen, flüstern ...

Spielgedichte
Eine Geschichte kann auch in eine rhythmisierte Form gebracht werden, als Gedicht, Abzählvers oder meist im Lied. Die Endungen reimen sich, oder sie weisen andere Besonderheiten (z. B. gleicher Anfang mehrerer Wörter hintereinander = „Alliteration“) auf. Nicht nur bei melodischen Vogelstimmen, sondern auch in Alltagsgeräuschen, z. B. von Maschinen oder Uhren, lassen sich rhythmisch-musikalische Strukturen entdecken.

Rhythmisierte Sprache können wir besser behalten. Diese seit langem bekannte Tatsache wird in der Grundschule genauso eingesetzt wie später beim Erlernen einer Fremdsprache. Und: Fingerspiele machen kleinen Kindern nicht nur viel Spaß, sie fördern auch die Fähigkeit, sich verbal auszudrücken. Bewegung, Sprache und geistige Entwicklung gehören nämlich eng zusammen.

Das ruhige Kapitel
Die Gedichte, Geschichten, Spiele und Lieder sollen dazu beitragen, eine Gruppe zur Ruhe zu bringen. Besonders gut sind sie einsetzbar in Verbindung mit Phantasiereisen.

Liedgeschichten
Hier werden Geschichten erzählt, die musikalische Spielideen anregen oder sich mit Instrumenten begleiten lassen. Ob eine Pause genutzt wird oder ein gesungener Vers zu einem Solo eines Kindes hinführt oder der Refrain musikalisch als immer wiederkehrendes Element gestaltet wird, stets gibt es Tipps und Spielanregungen über das Singen hinaus. Fast alle Lieder sind auf dem Tonträger zu hören. Die verwendeten Tonarten orientieren sich am Tonumfang der Kinderstimmen, was für die eine oder andere Erwachsenenstimme ungewohnt sein mag. Ich möchte aber vermeiden, dass die Kinder an den entsprechenden Stellen der Melodie gezwungen werden, zu tief zu singen.

Einsatz von Instrumenten

Die Einrichtungen sind recht unterschiedlich versorgt: vom hervorragend mit Orff-Instrumenten ausgestatteten Kindergarten bis zur Schule, die im musikalischen Bereich bei Null anfangen muss. Manchmal liegen Geräte seit Jahren ungenutzt im Keller. In der privaten Kindergruppe muss meist mit weniger Instrumentarium improvisiert werden. Und zu Hause gibt es oft nur eine Blockflöte aus der eigenen Kindheit oder ein Rhythmusinstrument als Mitbringsel von der letzten Urlaubsreise.

Ich hoffe, dass ich Sie mit dem Buch ermuntern kann, ohne große Berührungsängste das vorhandene Instrumentarium zu verwenden: learning by doing! Sie brauchen wirklich nicht viele Vorkenntnisse, sondern vor allem Spaß am Ausprobieren. Damit werden Sie auch die Kinder anstecken, die sicher mit Feuereifer herausfinden wollen, welche Klänge zu welchen Textpassagen am besten passen. Sie brauchen deshalb auch gar nicht die Regeln für eine Verklanglichung genau festzulegen und die Instrumente exakt vorzugeben. Auch mit Flaschen, Filmdöschen, selbstgebauten Trommeln, Kronkorkenrasseln, Küchengeräten etc. lassen sich alle hier zusammengestellten Geschichten, Spiele und Lieder lebendig und abwechslungsreich instrumentieren.

Hier die wichtigsten „fertigen“ Instrumente mit ein paar Einsatzhinweisen:

Handtrommel mit Schlegel

Das Fell einer Handtrommel kann meist gespannt werden. Schlägt man das Instrument mit der Hand an, gibt es viele Klangmöglichkeiten (z. B. reiben, kratzen, schaben, auf Holz klopfen). Das Anschlagen gelingt gut, wenn Finger und Daumen gestreckt sind. Die Handtrommel kann auch mit einem Filzschlegel gespielt werden.

Holzblocktrommel

Mit einem harten Schlegel wird auf die Holzblocktrommel geklopft. Dabei sollte der Schlitz nicht verdeckt werden, damit der Klang sich effektiv ausbreiten kann.

Triangel

Die Triangel wird an einer Schnur gehalten und mit einem Metallstab angeschlagen. Empfehlenswert ist der Anschlag von der Seite, am besten gegenüber der Öffnung.

Klanghölzer / Schlagstäbe

Einfach probieren, wie der beste Klang zustande kommt. Der Klangraum vergrößert sich, wenn man das eine Klangholz mit hohler Hand hält. Das Holz liegt darin locker und wird mit dem zweiten Stück angeschlagen.

Hängendes Becken

Eine Hand hält das Becken in der Schlaufe, und die anderen Hand schlägt mit einem harten Filzschlegel das Becken am äußersten Rand an.

Schellenkranz

Auch kleine Kinderfinger können leicht einen Schellenkranz umfassen und damit leicht auf den Handballen der anderen Hand schlagen.

Zimbeln

Die kleinen Becken werden mit einem Streifschlag leicht versetzt gegeneinander gespielt oder wie beim Klatschen geschlagen.

Guiros (Gurke)

Ein kleines Holz wird im Rhythmus über die Rillen gezogen – hervorragend geeignet, um z. B. knarrende Türen hörbar zu machen.

Handrasseln

Sie lassen sich sehr einfach selber bauen, z. B. aus Joghurtbechern, gefüllt mit Erbsen oder Körnern.

Klangstäbe

Hier klingen Stäbe aus Holz oder Metall mit festgelegten Tonhöhen. Sie werden einzeln in der Hand gehalten und können im Zusammenspiel – richtig angewendet – eine Melodie spielen.

Außerdem setzen sie melodische und harmonische Akzente.

Pauken
Die Pauken lassen sich an seitlichen Schrauben stimmen. Sie werden meist am Rand mit weichen Schlegeln gespielt.

Bongos
Sie sollten von älteren Kindern verwendet werden. Zwei Trommeltöne kommen hier zum Klingen. Das Instrument wird zwischen den Knien gehalten oder ist auf einem Ständer befestigt.

Alt-, Sopran-, Bassxylophon
Xylophone werden mit verschiedenartigen Schlegeln gespielt und so aufgestellt, dass die großen Klangstäbe links angeordnet sind. Ggf. können einzelne Klangstäbe entfernt werden, um die Anzahl der Töne zu reduzieren, so dass z. B. nur Dreiklangtöne übrigbleiben oder nur fünf Töne verwendet werden (Pentatonik).

Glockenspiel / Metallophon
Wegen des langen Nachklingens sollten sie sparsam eingesetzt werden.

Für wen ist das Buch gedacht?

Pädagogen und Eltern haben oft Schwierigkeiten, die Melodie und die rhythmische Struktur so zu halten, dass die Einsätze an der richtigen Stelle kommen und das Timing stimmt. Leicht kann so eine Kindergruppe aus dem Rhythmus kommen, oder das Stück wird in einer ungeeigneten Tonart angesetzt. Und anschließend trauen sich weder die Erwachsenen noch die Kinder einen weiteren Versuch zu. Dagegen führen gesprochene Klatsch- und Klanggeschichten, wie sie hier – besonders im ersten Teil – zusammengestellt sind, sehr schnell zu einem Erfolgserlebnis. Bei den Liedern empfiehlt es sich oft, sie erst zu sprechen, bevor die Melodie hinzugenommen wird. Das mehrmalige Hören und Singen der Melodie bringt Sicherheit. Viele der hier zusammengestellten Lieder sind besonders einfach gehalten.

Zielsetzungen
Das Verklanglichen einer Geschichte, das Singen der Liedgeschichten und das Umsetzen der Spielideen bieten vielfältige Möglichkeiten,

- die Phantasie und Ausdrucksfähigkeit der Kinder zu fördern
- Feinmotorik zu trainieren
- das Hören als eigenständige sinnliche Wahrnehmung weiter zu entwickeln
- Körperbeherrschung und Grobmotorik zu verbessern
- Aktions- und Reaktionsvermögen zu schulen
- Sozialverhalten zu unterstützen

Didaktisch geht es für die Kinder vor allem darum,

- zunächst die Geschichte, das Lied oder die Spielidee zu verstehen
- den Text dann in eine bestimmte, meist musikalische Form umzusetzen
- eigene Ideen und Interpretationen hinzuzunehmen

Wann sind die Stücke einsetzbar?
Das hängt von der Altersgruppe, der speziellen Kindergruppe und den Vorkenntnissen im rhythmisch-musikalischen Bereich ab. Deshalb habe ich auf Altersangaben verzichtet. Die Klatsch- und Klanggeschichten können im Kindergarten oder im Hort, im Deutsch- oder Musikunterricht oder in der privaten Kindergruppe eingesetzt werden. Sie können auch in der musikalischen Früherziehung als ergänzendes Programm in der Hinführung zur intensiveren musikalischen Betätigung Verwendung finden.

In Klatsch- und Klanggeschichten lassen sich auch andere Aktivitäten einbinden: Freies Malen, Theater- oder Schattenspiel, Hörspiel oder auch die Fortsetzung der Geschichte mit neuen phantasievollen Wendungen.

Literaturhinweise

Fink-Klein, Waltraut, u.a.: Rhythmik im Kindergarten. Freiburg 1987
Friebel, Volker: Weiße Wolken – Stille Reise. Ruhe und Entspannung für Kinder ab 4 Jahren (Buch incl. MC oder CD). Münster (ökotopia) 1998[3]
Gross, Rainer Johann: Durch das Jahr. (Buch + MC). Mainz 1991
Gross, Rainer Johann: Durcheinander. (Buch + MC). Mainz 1992
Gross, Rainer Johann: Durchgewaschen (Buch + MC). Mainz 1993
Hering, Wolfgang / Meyerholz, Bernd: Kinderlieder zum Einsteigen und Abfahren. Bd. 1 / Bd 2. Bonn 1986/1994 (Buch + CD)
Hering, Wolfgang: Bewegungslieder. Reinbek 1997[4] (rororo 19681)
Hering, Wolfgang: Kinderleichte Kanons. (Buch incl CD, MC) Münster (ökotopia) 1998[2]
Holthaus, Klaus: Klangdörfer – musikalische und soziale Vorgänge spielerisch erleben. Boppard 1993
Liess, Heidrun: Spaß mit Klängen, Tönen und Geräuschen: Kinder erleben spielerisch Musik. München 1995
Hirler, Sabine / Penz, Edith: Rhythmische Spielgeschichten. Seelze 1997
Neuhäuser, Jenny: Wie der Mondschein klingt – Verklanglichungen. Aachen 1986
Müller, Else: Träumen auf der Mondschaukel. München 1993
Schwarting, Jutta: Klingende Geschichten. Boppard 1976
Stahr, Martin / Schwarzmann, Thomas: Sammelsurium. Linz 1995
Stahr, Martin / Schwarzmann, Thomas: Mixturium. Linz 1997
Storms, Ger: Spiele mit Musik. Frankfurt a. M. 1984
Wagner, Elisabeth: Quacki, der kleine freche Forsch, München 1993
Widmer, Manuela: Alles, was klingt – elementares Musizieren im Kindergarten. Freiburg 1997

Autor und Illustratorin

Wolfgang Hering ist freiberuflich im musikpädagogischen Bereich tätig und Mitglied der bekannten Musikgruppe „Trio KUNTERBUNT“. Dozent an Fachhochschulen, Goethe-Institut, Fachberatung / Fortbildung für Kindergärten, Familienbildung, Kinderturnen etc. Themenorientierte Projekte u.a. für Krankenkassen und Deutscher Turnerbund. Auslandsengagements in Mittelamerika.

Kasia Sander, geb. 1964 in Gdynia (Polen), Studium an der Kunstakademie Danzig, 1986 Übersiedlung nach Deutschland und Grafik-Design-Studium im Münster. Freiberufliche Buchillustratorin für Schul- und Kinderbuchverlage, Karikaturistin und Comiczeichnerin für Tageszeitungen sowie Designerin in der Modebranche. Teilnahme an mehreren Ausstellungen mit den Schwerpunkten: Grafik, Zeichnung und Karikatur.

Wolfgang Hering – unterwegs

1. KONZERT FÜR KINDER AB 4 JAHREN
KINDERLIEDER ZUM EINSTEIGEN UND ABFAHREN bringt Wolfgang Hering vom Trio KUNTERBUNT in seinem Solokonzert. Im Gepäck hat er lauter heimliche Hits und Spiellieder. Das Publikum ist immer wieder eingeladen die Spielanregungen mitzumachen. Die Kinder haben viele Gelegenheiten auf Zuruf das Konzert mitzugestalten. Sie spielen mit Klanggesten ihre eigene Musik dazu oder erfinden neue Strophen. Ein buntes Mitmachprogramm mit vielen Kinderhits.

2. WORKSHOPS/FORTBILDUNGEN
Unter verschiedenen Themenstellungen bietet Wolfgang Hering für Erzieher/innen, Lehrer/innen und Eltern Fortbildungen und Workshops an, z. B.
- Bewegungslieder und Spiele
- Musikalische Gestaltungsanregungen von Liedern und Spielen
- Klatsch- und Klanggeschichten mit und ohne Instrumente

3. KONZERT FÜR KINDER AB 6 JAHREN
Im Mittelpunkt dieses Programmes stehen poppige Kinderlieder mit witzigen Texten und vielen Möglichkeiten zum Mitmachen für Kinder im Grundschulalter.

4. KONZERT FÜR KLITZEKLEINE RIESEN AB 2 JAHREN
Für Eltern-Kind-Gruppen und Spielkreise gibt es eine bunte Zusammenstellung mit Spielliedern und Bewegungsangeboten für die Kleinsten.

5. TRIO KUNTERBUNT & Verstärkung
Seit 1980 schreiben, singen und spielen Wolfgang Hering und Bernd Meyerholz zusammen und produzieren Lieder für Kinderkassetten und CD's, für Bücher und Hörspiele. 1984 kam Schlagzeuger Bernhard Hering dazu: das Trio KUNTERBUNT war geboren.

Mittlerweile spielt die Gruppe in verschiedenen Besetzungen, je nach Aufwand und Größenordnung der Veranstaltung.

6. SEMINAR- UND WORKSHOP-ANGEBOTE FÜR DIE ÄLTEREN
Im Rahmen z. B. von Ferienspielaktionen oder Freizeiten können Projektangebote im spiel- und musikpädagogischen Bereich abgesprochen werden.

Kontaktadresse für Kinderkonzerte und Fortbildungen
MPR-Promotion
Hüttenbergstr. 4
34131 Kassel
Tel.: 0561-26955
Fax: 0561-285265

Umwelt spielend begreifen

aus dem

Ökotopia Verlag

Hafenweg 26 · D-48155 Münster

Larix, Taxus, Betula

Pfiffige Spiele, Basteleien, Rezepte und Aktionen rund um Bäume

Eine wahre Fülle von Beschäftigungsideen rund um den Baum: Zu den Bastelvorschlägen mit einheimischen und exotischen Baumprodukten kommen Erkundungsaufträge, Spiele, größere Aktionen und ausgefallene Rezeptideen hinzu. Ergänzende Infos und kulturgeschichtliche Hinweise regen zur Weiterbeschäftigung mit dem Thema an.

ISBN: 3-925169-98-9 32,– DM

Ökologie im Schulalltag

Grundlagen, Aktivitäten, Unterrichtshinweise

„Das Buch ist für alle Schularten geeignet und wird dringend zur Anschaffung empfohen." (Aus: Informationsdienst für den Bestandsaufbau der öffentl. Bibliotheken; Leipziger komissions- und Großbuchhandelsgesellschaft, Nr. 19/92

ISBN: 3-925169-40-7 19,80 DM

Jolly Joggers und Lilly Lindes großes, grasgrünes

Umwelt-Spiel- und Spaßbuch

„Eine bunte Palette von Spielideen, unter denen eigentlich jeder Anregungen für Spiele mit Kindern in allen Altersstufen und für jede Jahreszeit finden kann. Besonders erwähnenswert: Alle Ideen sind ohne großen finanziellen Aufwand durchführbar." (Aus: Umwelt kommunal, Nr. 199 (01.02.94)

ISBN: 3-925169-55-5 32,– DM

Umwelt Spielekartei

200 Spielideen und Gestaltungsvorschläge

„Die Spiele eignen sich für Einzelne, kleine und große Gruppen, angefangen vom Kindergarten bis zu Jugendlichen und hinein in den Familienkreis. Die Sammlung sollte zur Grundausstattung von Jugendherbergen, Schullandheimen und Lehrerbüchereien gehören." (Aus: Der Junglehrer, 31. Jhg., Heft 12)

ISBN: 3-925169-13-x 36,– DM

Stutzen, Staunen, Stöbern

Spiele mit Knud dem Umweltfreund

„Das Buch – und natürlich KNUD – zeigen Erzieherinnen, Lehrerinnen und Eltern, wie abwechslungsreich umwelterzieherisches Arbeiten mit Kindern sein kann." (Aus: Grünstift. Das Berliner Naturschutz Magazin. Heft 12/Dez. 1991)

ISBN: 3-925169-28-8 (Buch u. Puppe) 54,80 DM
Knud-Puppe 28,– DM

Mit Kindern in den Wald

Wald-Erlebnis-Handbuch
Planung, Organisation und Gestaltung

Es ist den Autorinnen gelungen, aus ihren vielfältigen Erfahrungen in Projekten mit Kinder-Gruppen ein echtes Wald-Erlebnis-Handbuch zusammenzustellen, das von der Planung, Organistion bis hin zur Durchführung zahlreiche Anregungen und Hilfestellungen gibt.

ISBN: 3-931902-25-0 28,– DM

Naturspielräume

gestalten und erleben

„... eine Fundgrube." (Aus: Spiel Bar, Ralf Böttjer)
„R. Wagner ist es gelungen, eine einfache, praktisch umsetzbare Anleitung für Pädagogen, Erzieher und Eltern zu publizieren." (Aus: Dt. Lehrerzeitung 49/94)
„Was für ein hervorragendes Buch!" (Aus: kindergarten heute, 2/95 -A. Krenz)

ISBN: 3-925169-66-0 34,– DM

Kiesel-Schotter-Hinkelstein

Geschichten und Spiele rund um Steine

Für Kinder und Erwachsene, für Einzelne und Gruppen bietet dieses Buch eine Fülle von Anregungen zum Forschen und Entdecken, zum Spielen und Formen, zum Sinnen und Sprechen.

ISBN: 3-925169-77-6 32,– DM